いじめを生む教室

子どもを守るために知っておきたいデータと知識

荻上チキ
Ogiue Chiki

PHP新書

はじめに

こんにちは。評論家で、NPO法人「ストップいじめ！ナビ」（以下、いじめナビ）代表理事の荻上チキです。この本では、いじめに関する国内外の調査データや社会理論を紹介しながら、いじめの具体的解決に向けた議論を行っていきたいと思います。

いじめナビの活動は、2012年にスタートしました。当時は、滋賀県大津市で起きた中学2年生のいじめ自殺事件に関する報道が過熱していた時期でした。「自殺の練習をさせていた」「蜂の死骸を食べさせた」などの断片的な情報や、加害者や教育委員会へのバッシングなどが広がり、センセーショナルなメディアイベントと化していました。それは、どのような仕方であればいじめ問題を解決できるのかを伝えるようなものではなく、「煽るだけ」「叩くだけ」の報道でした。

その光景には既視感がありました。自分が小中学生だった1980年代後半頃から90年代前半、テレビで繰り返し取りざたされていたいじめ問題。その頃、子どもだった私は毎日いじめられ続けていたので、いじめ報道をかじりついて見ていました。そして落胆していました。

テレビは、学校にいない大人が、学校にいない大人に向けて番組を作っています。だから、「学校ではこんなひどいことが起きているんですよ」と大騒ぎするけれど、現に学校に行きたくなくて休んでいて、そのうえでテレビを見ている自分のような子どもには、役立つ情報が何も提供されていなかったのです。

日本では、1980年代からいじめが社会問題化しています。しかしその間、メディアの報道は、ほとんど進歩してきませんでした。

一方でメディアには取り上げられずとも、日本でも世界でも、30年以上にわたって、数々のいじめ研究が行われてきました。海外でもいじめ現象はあり、その国ごとの研究が行われていますし、国際比較を行っている研究もあります。統計学的なアプローチを採用する研究もあれば、実際に行われている先進的な授業などを分析する研究もあります。正直なところ、いじめ研究はまだまだ発展途上ですが、それでもいじめについては、色々なことがわかってきているという事実があります。少なくとも、テレビでなされている素人談義よりは、はるかに有意義な調査結果が蓄積されています。

例えば、どんな種類のいじめが日本では多いのか。どんな場所でいじめが発生しやすいのか。「いじめが起きやすい教室」と「起きにくい教室」の差は何か。いじめを受けると、その後の人生にどういう影響が出てくるのか。いじめ対策には、どのようなアプローチが有効なのか。様々なデータがとられ、いくつもの社会理論が磨かれてきました。

調査だけではありません。様々な現場で、いじめ問題を解決するための取り組みが行われてきました。各現場でのチャレンジは玉石混交ですが、有意義な実践例も少なくありません。

しかし残念ながら、そうした知見は、まだまだ教育現場全体、メディア、行政などで共有されていません。

大津市に関する報道を見てそれを痛感した私は、「いじめナビ」の活動を始め、様々な研究蓄積を尊重し、行政、教育現場、メディア関係者とのワークショップなどを通じて情報共有を行うとともに、授業づくりや児童向けのナビサイトづくりを行ってきました。

また、ロビー活動を通じて、いじめ防止対策推進法の成立に向け、多少なりとも尽力しました（立法化の詳しい経緯は、明智カイト著『誰でもできるロビイング入門』光文社新書内、拙稿参照）。法律が制定されてからは、報道のあり方も若干変わってきた面もあるように思います。

本書では、データや社会理論を用いて、いじめの現状とその構造を分析します。そのうえで、どういう教室づくりが重要なのかという、具体的なノウハウも記していきたいと思います。

私はこれまで、いじめについて書かれた多くの本を読みましたが、残念なことに、データをもとにいじめ対策を語っている本はとても少数です。思い付き、当てずっぽうな教育談義も少なくありません。そうした中、本書ではなるべく多くの具体的データ等を紹介することで、社会がいじめについてより具体的に考えることができるようになる手助けができればと思っています。

それでは、より良い社会を作るための議論を、一緒に始めましょう。

いじめを生む教室　目次

第3章　大津市の大規模調査からわかったこと

第4章 「不機嫌な教室」と「ご機嫌な教室」

第5章

理論で読み解くいじめの構造

第6章 「ブラック校則」調査から見えたこと

第7章 ハイリスク層へのサポート

第8章

メディアが飛びつくネットいじめ

第9章

教員の課題と「いじめ防止法」

第10章

大人に求められること

第1章

これでいいのか、日本のいじめ議論

いじめは本当に増加しているのか

いじめ問題がメディアで大きく取り上げられると、いじめが激増している・凶悪化している、といった印象が広がります。確かに、テレビで取り上げられるいじめはとてもひどいもので、多くの人が実際に体験したものよりもひどいと感じられるものでしょう。しかし、それは単に、「極端にひどいいじめのケースだから、メディアで大きく取り上げられている」だけではないでしょうか。

実際のところ、日本のいじめは「激増・凶悪化」しているのでしょうか。まずはそこから議論を始めていきたいと思います。

よく紹介されるのが、文部科学省の統計データです。グラフを見ると、確かにいくつかのタイミングで、いじめ件数が急増し、そのあと数年で減少・横ばいとなっているように見えます（図1－1）。これを見ると、「いじめには時期ごとにピークがある」「この時はいじめが流行していた」と思い込んでしまうかもしれません。

しかしこのデータは、あくまで学校が把握したいじめのうち、行政に報告されたものを集計したものにすぎません。つまりは行政への「報告件数」であって、子どもたちの生活における実際の「発生件数」ではないのです。「報告件数」は、いじめ問題がメディアで

図1-1　いじめにはピークがあると誤解されやすい

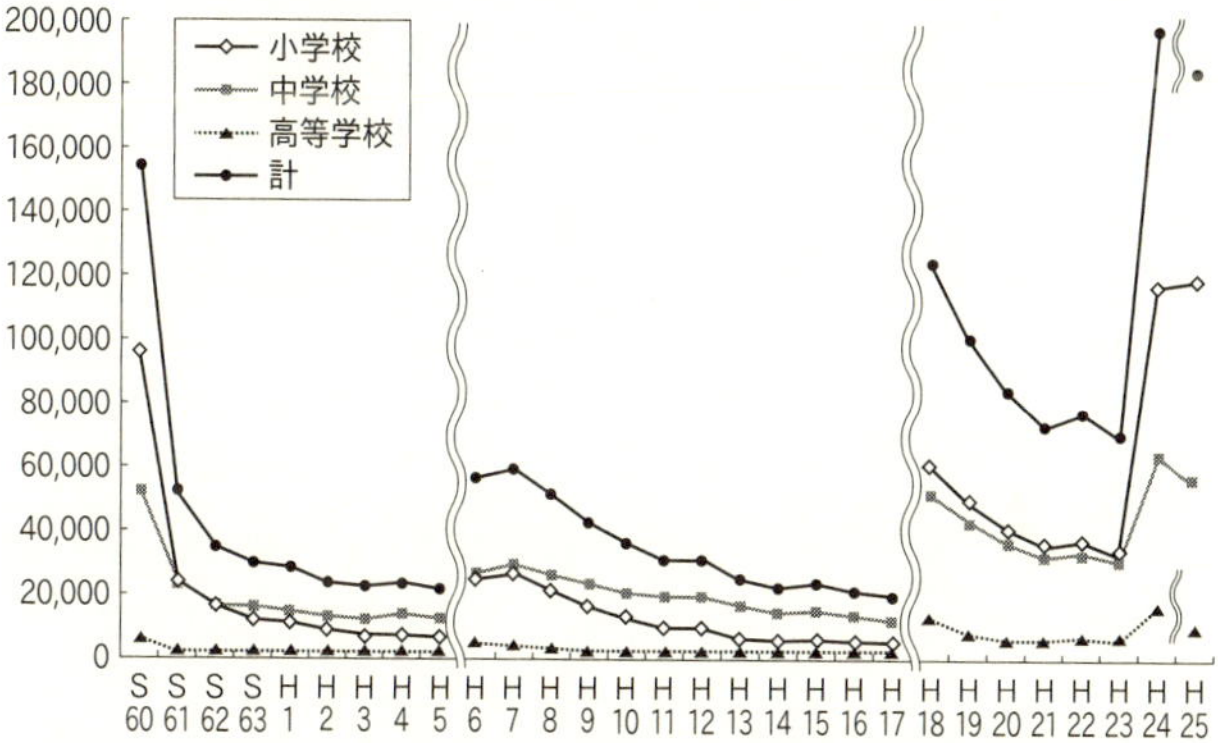

文部科学省「平成25年度　児童生徒の問題行動等生徒指導上の諸問題に関する調査」

大きく取り上げられた年に急増します。

その理由は単純です。特定のいじめ事件がメディアで大きくクローズアップされると、その結果、文科省がいじめの定義を変更し、より多くの件数がカウントされるようになります。また、報道を受け、教師や保護者がいじめ問題に敏感になり、短期的にアンケートや面接を増やすことにもなります。こうした条件が重なり、教師による「認知件数」が一時的に高まり、それに伴って「報告件数」も増加しているのです(図1-2)。

しかしこうした現象は過渡的なものにすぎません。グラフを見ればわかるように、数年経てば、いじめ問題に対する取り組みは減ります。熱心に取り組んでいた先生が異動になるなどして、学校としての試みが継続されていかない。

保護者もあまり気にしなくなる。アンケートが継続的に取られない。その結果、時間が経つにつれて認知件数が減るのです。

しかしそれは、いじめそのものの「発生件数」が減ったことを意味しません。また、「認知件数」の全てが報告されているとも限りません。つまりこの文科省のデータは、いじめの実際を把握するためには、ほとんど役に立たないのです。

統計には、「実務統計」と「調査統計」があります。「実務統計」とは、何か作業をしている中で発生した出来事を数えるというもの。一方で「調査統計」は、その出来事がどれくらいの頻度で起きているのかをアンケートなどで把握して数値化するものです。この区別でいけば、文科省のデータは、教員が業務の中で発見・報告したいじめの件数を集計したもの、つまり「実務統計」ということになります。

いじめの「発生件数」を把握するためには、「調査統計」を取ることが必要です。つまり、適切なアンケート調査を毎年行い続ける必要があります。しかし今の日本政府は、そうした調査を行っていません。文科省のデータからわかるのは、せいぜい「どの年には力を入れていじめ対策をしていたのか」「どの時期にメディアがいじめ報道を過熱させていたのか」という程度のものです。

つまりこの国は、いじめ対策という名のもとに、様々な試みを散発的には行ってはいる

図1-2　発生件数と報告件数は異なる

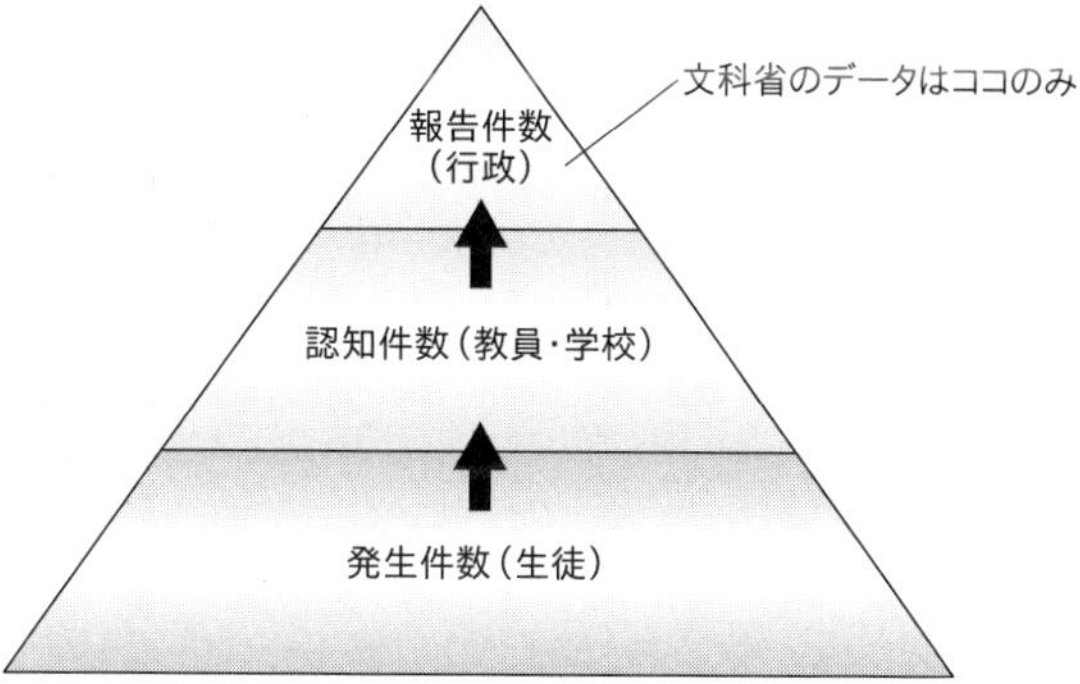

ものの、どれだけのいじめが生じていて、何によってそれを減らせるのかを、まったく把握していないまま対策を議論しているということになるのです。

では、実際の「発生件数」はどうなっているのでしょう。それを知るために、いくつかの機関で「調査統計」が行われています。

例えば国立教育政策研究所が、「いじめ」というキーワードを用いず、いくつかの学校を選択して行った長期調査（いじめ追跡調査）があります。これを見ると、ここ20年ほど、数々の嫌がらせ行為の発生件数は概《おおむ》ね横ばいであると報告されています。この調査には、同じ体験を聞き続けるという意味では確からしさがある一方で、調査開始の年より以前の状況と比較できないというデメリットもあります。

一方で、株式会社ドワンゴが2012年に行った大規模ネットアンケート「『いじめ問題』に関する

100万人アンケート」（107万人が回答）では、30代をピークに、いじめ被害の体験率が減少しています。ただし、この調査は、特定サイトのユーザーを対象としたものであるため、データの偏りは否めません。

このほかいくつかの調査がありますが、いじめの実態を遡《さかのぼ》って比較することはなかなか難しい。しかし少なくとも、メディアの報道ブームから受けるような、「いじめピーク」「いじめの急増」といった一方的な印象は誤りであるとは言えます。また、「いじめおよびいじめ自殺は昔からあり、最近になって急に増えたわけではない」ということも言えるでしょう。

増減について確定したことは言いにくい。ですが、これだけは言えます。現代は、「いじめが増加した社会」なのではなく、「いじめが問題視されるようになった社会」なのです。これ自体はとてもいいことです。

しかし、肝心の増減を丁寧に追うことができていない。だからもし政府が真剣にいじめ問題に取り組むのであれば、まずは適切な調査を行う必要があります。

例えばですが、年に2、3回、「学習環境満足度調査」を行うというのはどうでしょう。児童と保護者に直接、「今学期、他の児童から以下のような行為を受けましたか」「今学期、教師から以下のような行為を受けましたか」といったようなアンケートを配布して、授業満足度、いじめ、体罰、登校状況（不登校の定義には外れたとしても、登校に困難を感じている児童は統計以上に多いためです）、スクールセクハラなどの実態を掘り起こすのです。

いじめについては、「いじめ」という抽象的なキーワードで聞くのではなく、「嫌なあだ名で呼ばれた」「物を隠された」などの具体的項目ごとに聞き、その期間などを尋ねます。これは、「いじめを受けましたか」といったような質問では、それぞれの回答者の持つ「いじめ」のイメージに回答が左右され、客観的なデータを取ることができないからです。そしてアンケートは教員ではなく、市の職員あるいは第三者が収集するか、剝《は》がしたらその痕跡が残る封をしたうえで回収することで匿名性を守るなどの形式を採《と》ります。こうした調査があれば、より実態に近いいじめ件数を知ることができるはずです。また、本書の後半で触れますが、そこから教室運営の具体的な指針を見つけることもできます。

こうした統計がないと何に困るのか。それは、「どういう学校でいじめが多いのか」「どういう学校でいじめが少ないのか」「どんな試みをした学校は、いじめを減らすことができたのか」がわからないということです。文部科学省と名乗るからには、文部行政についての検討を、科学的に行う必要があります。もし1980年代から適切な調査を継続していれば、今頃いじめ対策も大きな前進を見せていたでしょう。それが残念で仕方がありません。

いじめは「増やす」ことができるか

突然ですが、ここで一つ質問です。どうすれば、教室でのいじめを「増やす」ことができると思いますか？　いったん本を閉じて、少しの間、ぜひ真剣に考えてみてください。

例えば、こういうのはどうでしょう。児童にストレスを与えていらいらさせる。先生が率先して特定の児童をいじる。小さなトラブルを見て見ぬふりをし、エスカレートするのを待つ。仲の良くない者同士でグループを組ませる。相談を受けても対処せずに放置する。

あるいは、大人の目が届きにくいような場所を増やす。同性愛者差別などの言動を大人たちが子どもの前でとり続ける。教師の仕事を増やしたり、教師の数を減らしたりして、個別のトラブルに教師の手が回りにくくする。露骨に生徒の上下関係が発生するような部活指導などを繰り返す――。

どうでしょう。じっくり考えれば、いじめを「増やす」ための色々なアイデアが思い浮かぶのではないでしょうか。

いじめについて議論をする際、しばしば「どうせいじめを減らすなんて無理だ」という反応が見受けられます。しかし、「いじめを増やすなんて無理だ」と思う人は少ないのではないでしょうか。実際、ワークショップなどでこうした質問を投げかけると、いじめを「増やす」ための、具体的で現実的なアイデアの数々が、参加者の中から出てきます。

いじめを「増やす」ことができるのであれば、「いじめの数は、条件によって増減する」ということが確認できます。そして、「いじめを増やす要因」について考える作業は、そのまま「どの環境を改善すればいじめを抑制できるのか」という発想につながります。

児童のストレスに配慮した教室づくりを行う。先生が特定児童にラベリングをしない。トラブルの初期段階から介入する。集団行動を無理強《じ》いしない。相談を受けやすい体制をつくる――。先ほどあげたアイデアを反転させるだけでも、様々な解決策が浮かぶでしょう。

いじめについてこれまでは、被害者と加害者の心理にばかり焦点が当たりがちでした。しかし、いじめなどの行為には、「本人の資質」と「環境要因」の双方が関わります。大人でも、のびのびとした環境ではにこやかに過ごせますが、ストレス下に置かれれば行動が変わることがあります。ニコニコ優しかった人が、親となり、育児ストレスによって子どもに手をあげるようになってしまった、というのもその典型でしょう。

あるいは、この社会にはブラック企業もあればホワイト企業もある。ハラスメントが多い会社もあれば、少ない会社もある。大人の集団でも、人間同士の組み合わせや環境によって、人々の行動が変わります。会社がつぶれて貧困になった家庭で、父親が荒れだす。その時、周囲の人は、「あの人は、人が変わってしまった」と言います。しかし、その人の行動を変えたのは、環境の変化です。

人は環境で変わる。それは子どもだって同じこと。環境のあり方によって、いじめが増えたり減ったりするのです。

いじめ等の問題が多い教室を、本書では「不機嫌な教室」と呼びましょう。逆に、児童の満足度が高く、いじめ等の問題が少ない教室を、「ご機嫌な教室」と呼ぶことにします。様々な条件がそろうことによって、「不機嫌な教室」や「ご機嫌な教室」が作り出される。「不機嫌な教室」は、いじめだけでなく、不登校や非行などの問題を生じさせます。そうならないように、「不機嫌因子」を丁寧に除去することも大人の役割です。「いじめを増やす要因」を取り除くことで、いじめは減らせるのです。

いじめ対策というのは、「発生したいじめに対応する」「いじめをしないように教育する」ばかりが全てではありません。「いじめが起きにくい環境を作る」「人をいじめに追いやる背景を取り除く」「何がいじめ対策に有効なのかを検証する」など、様々な対策が必要になります。単純化すれば、いじめ対策は「予防→早期発見→早期対応→検証」のサイクルで回す必要があると言えるでしょう（図1－3）。

図1-3　いじめ対策のサイクル

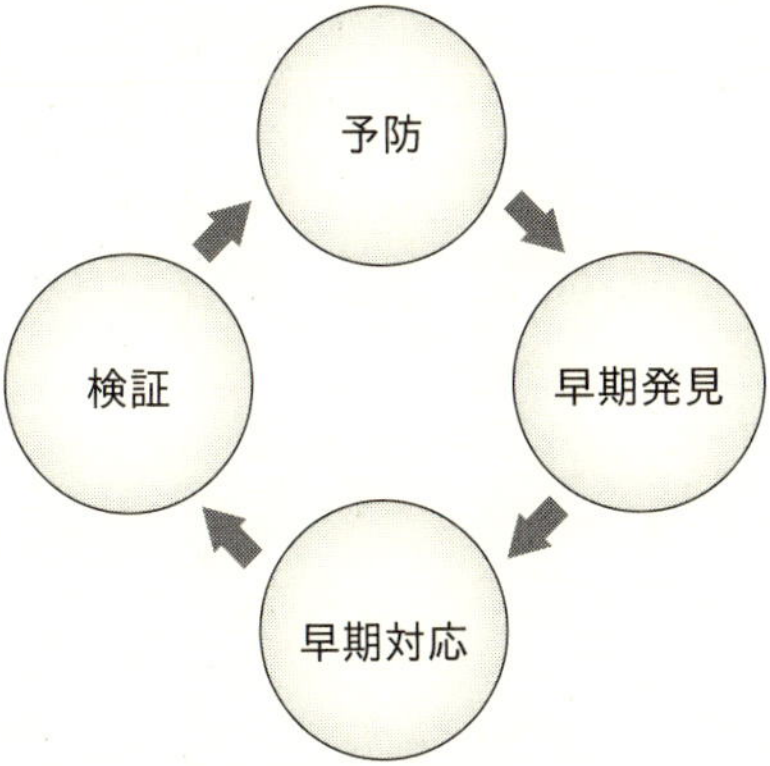

　これまでは、「いじめっ子を厳罰化しよう」とか「道徳教育でいじめを抑止しよう」といった、部分的かつ感情先行型の議論ばかりが目立ち、いじめ対応のサイクルが意識されてきませんでした。また、道徳教育であるとか生徒指導といったような、子どもの内面に着目するアプローチばかりが目立っていて、環境を改善するという発想が脆弱《ぜいじゃく》でした。

　いじめ対策においてこれからは、「心理的アプローチ」のみならず、「環境的アプローチ」が必要になります。どういう教室にすれば過ごしやすいのか。どういう教員であればいじめを抑止できるのか。人の心ばかりを変えようとするのではなく、人が過ごす環境を変えることで、行動の変化を促していく。そうした、発想の転換が求められています。

報道バイアス

「いじめが増加している」「いじめが流行している」「いじめが凶悪化している」。こうしたイメージは、メディアによって助長された側面があります。そしてそのメディアによって共有された誤ったイメージは、いじめ議論をも歪《ゆが》めてしまいます。

そもそもメディアがいじめを取り上げるのはどんな時でしょうか。それは、「話題性のある特殊ないじめ」が発生した時です。いじめによって自殺した、被災地からの避難者がいじめられた、いじめの様子がネットで拡散されて大きく話題となった。こうした特殊ないじめが発生した時、メディアはこぞって報道に乗り出します。

しかし、いじめは毎日あちこちで起こっていますし、子どもの自殺も毎年発生し続けています。メディアがあるタイミングで一斉にいじめ報道を繰り返したからといって、その時期にいじめが増加しているとは限りません。いじめ報道の流行と、いじめそのものの増減は、区別しなくてはなりません。

質的な面でも同様です。メディアでは、特に悪質ないじめが取りざたされがちです。激しい暴力を伴うケース、多額の金額を恐喝したケース、いじめ動画が撮影され拡散されたケース、そして不登校や自殺にまで追い込まれるケース。こうした事件が起こると、「事件報道」として、社会部の記者や情報番組のカメラクルーなどが対応します。そうすると、いじめが従来の犯罪報道やスキャンダル報道と同様の方法論で取り上げられます。

しかし、取材している記者たちでも、いじめ問題について詳しい人は稀《まれ》です。そのため、誤った印象を与える報道がなされることが珍しくありません。またワイドショーなどの場合、こうした事件についてコメントする人たちのほとんどが、いじめ研究についてのデータなどをインプットしていません。結果として、「最近の若者のいじめはひどい」といった見当違いの言説がふりまかれることになるのです。

「いじめは犯罪」で見落とされるもの

しかし、事件化したいじめというのは、特に極端ないじめです。そうした例ばかり想定して議論すると、的外れな議論になりがちです。

例えば「いじめは犯罪」という言い方があります。確かに暴行や恐喝は犯罪であり、こうしたケースについては警察などとの連携を増やしていかなくてはなりません。学校を聖域化して、第三者の目を入れず、独自の采配で事を済ませることが横行している現状は、正していかなくてはなりません。

しかし、いじめには大きく分けて、「暴力系いじめ」と「コミュニケーション操作系いじめ（非暴力系いじめ）」の二つがあります。殴る、蹴る、性暴力を行う、恐喝をするといった前者と、物を隠す、嫌なあだ名をつける、嫌な噂話を流す、無視するといった後者とでは、対応の仕方も変えなければなりません。

現代日本の場合、大半のいじめは「コミュニケーション操作系いじめ」です。こうしたいじめも、「暴力系いじめ」と同じように「犯罪」として取り扱い、「警察に通報」しさえすれば、解決するでしょうか。いえ、そもそも「犯罪」としての要件を満たさないケースが多いため、難しいでしょう。ですので、「いじめは犯罪なので警察に」とひとくくりにはできないのです。

「コミュニケーション操作系いじめ」では特に、被害者にそのいじめの記録をつけさせたり、丁寧な聞き取りを行ったりすることが重要となります。だからこそ、どんな指導がより適切なのか、現場では頭を悩ませているのです。外野からの「加害者を罰すればいい」という意見は、「特効薬」を求めるあまり、いじめの実態を無視してしまう結果となっています。教師の目を盗んで行われる「コミュニケーション操作系いじめ」に対して、教育現場でいかなる指導（早期発見・早期解決）をすればいいのかという観点が抜け落ちているのです。

「自殺するくらいなら学校から逃げろ」の副作用

また、「いじめられて自殺するくらいなら学校から逃げろ」と言われることもあります。緊急措置としては、この意見には賛成できます。しかし、この意見ばかりが独り歩きすると、それに伴う副作用が見落とされてしまいがちです。

仮に学校に行かなくなった時、その児童にはどういう手段で教育の機会が確保されるのでしょうか。大半のコメンテーターはそこまで深く考えて発言していません。

確かに、「学校に通う」というのは、教育を実現するための手段の一つにすぎません。しかしこの国では、「学校に通う」以外の手段が、しっかりと育てられてきませんでした。フリースクールやホーム・ベースド・エデュケーション（家庭中心の学習）をはじめ、民間で活動している団体が増えつつあるものの、まだまだ多様な教育のあり方は発展途上です。フリースクールや夜間学校などの設置状況には地域差も大きくあります。

文科省の統計では、いじめや友人関係による児童の自殺は、毎年十数件から数十件程度、発生しています。この報告が過小報告だとして、15歳までの自殺率全体に目を向けても、概ね横ばいを辿っています。他方で、不登校者の数は、年間で10万人以上にものぼります。

「不登校生徒に関する追跡調査報告書」（文部科学省、平成26）によれば、不登校経験者に不登校になった理由を尋ねるアンケートを行ったところ、いじめを含む友人関係がきっかけとなって不登校に至ったと答えた者の割合が、52・9％となっています。つまりは、コメンテーターに言われるまでもなく、既に多くの児童が、いじめなどの人間関係によるトラブルから逃れる手段として、「死ぬくらいなら学校に行かない」ことを選択させられているというのが実情なのです。

私は、「学校から逃げてもいい社会」、より丁寧に表現すれば「〈学校以外〉の教育オプションが充実している社会」を実現することには大賛成です。しかし、安易に「学校から逃げてもいい」と言った時、多くの視点が抜け落ちていることを危惧《きぐ》しています。

まず大前提として、私たちは全ての児童が安心して教育を受ける権利を満たさなくてはならず、そのために、主要な教育の場となっている学校を安全・安心な環境にする努力をしなければなりません。しかし、「学校に行かなくてもいい」という意見ばかりが強調されると、そうした具体的な学校改善の議論を成熟させることができません。

また、他の選択肢が脆弱な状態で「学校に行かなくてもいい」とだけ伝えると、問題が個人化・矮小化されてしまいます。学校に行かないとその児童が選択した時点で、この社会では教育が「自己責任化」されてしまうのです。

２０１６年に、私がＥテレ「ハートネットＴＶ」と行った調査があります。不登校当事者の家庭４４４世帯にアンケートを行ったところ、世帯年収によって、家庭学習にかけられる金額に大きな開きがあることがわかりました（図１－４）。他方、その教育費の占める割合は、所得が低い世帯ほど高い。つまり、家庭教育費の「痛み」が大きいこともわかったのです（図１－５）。

学校というのは、憲法に定められた公教育を実現するための一手段です。どの家庭に生まれても、教育を受ける権利が子どもたちにはあります。今はその主たる手段が「学校に通うこと」となっています。その学校に行かないとなれば、当然ながら、家庭の経済格差がダイレクトに子どもに影響しやすくなります。

「学校に行かないなら、他の選択肢を自己責任・家庭責任で選べ」というのが、残念ながら現在の社会です。その結果、貧富の差によって、教育にかけられる支出が変わり、その影響が大きく現れやすくなります。だから私たちは、「ご機嫌な教室を増やそう」という議論と、「学校以外の選択肢を拡充しよう」という議論の、両方を同時に行わなくてはならないのです。

図1-4　世帯年収と家庭教育費の支出

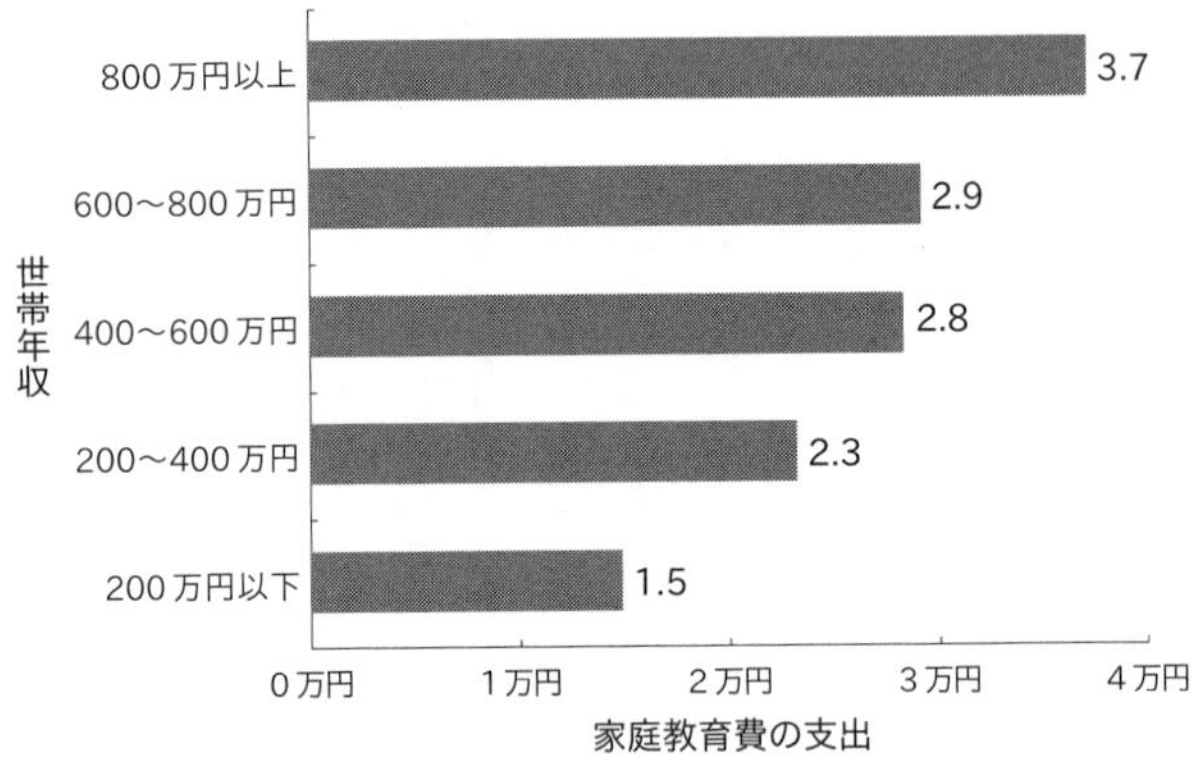

図1-5　世帯年収に占める家庭教育費支出の割合

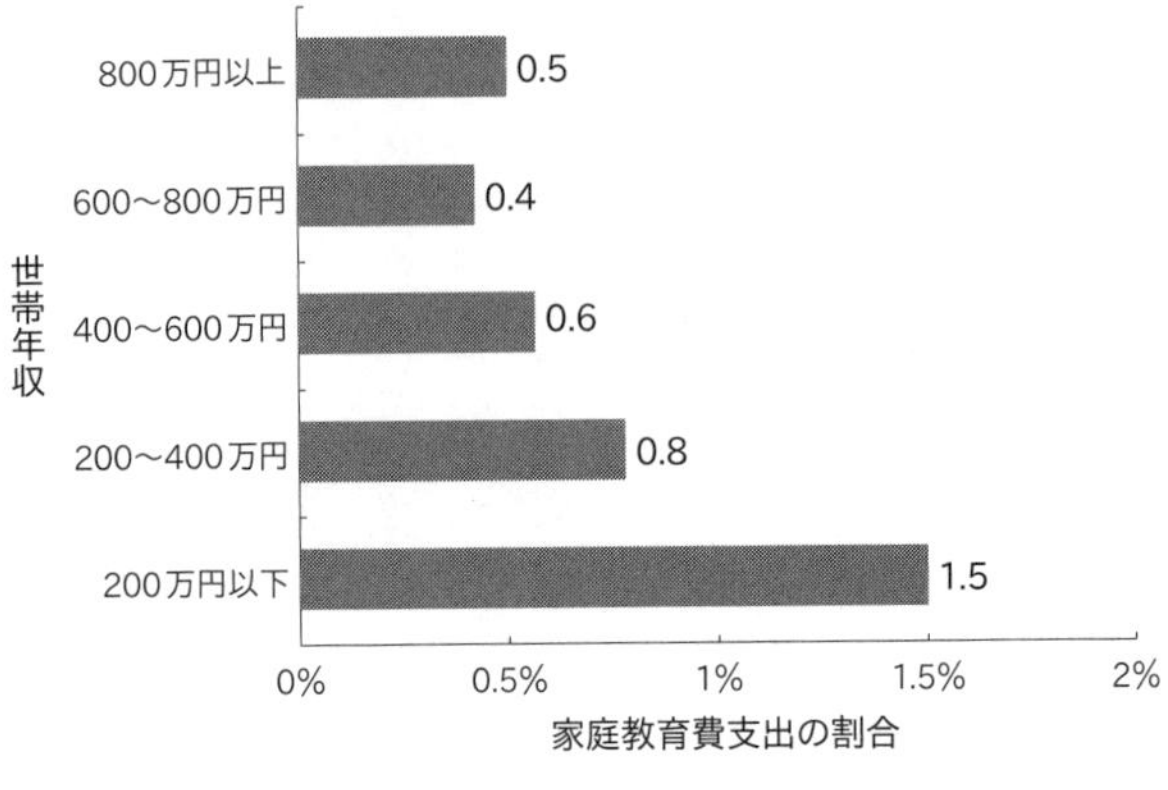

平時のいじめ報道

ここまでの議論をまとめると、「いじめは犯罪と見なして、加害者を罰する必要がある」という意見と、「死ぬくらいなら学校になんて行かなくていい」という意見は、どちらも「部分的には」正解なのですが、危険な極論でもあります。メディアの過熱報道にひっぱられて、こうした意見ばかりが強調される状況は、有意義とは言えないでしょう。

メディアの問題点はたくさんありますが、ここではもう一つだけ挙げることにします。それは、「非常時の報道」ばかりが目立つということです。どういうことでしょうか。

例えば災害報道に置き換えて考えてみましょう。震災や火山噴火などが起きた時には、その状況や注意喚起などが報じられます。一方でメディアは平時においても、「防災教育」のための報道を行っています。

しかし、ことといじめ問題となると、極端な事件ばかりが大きく報道される一方で、災害報道における防災教育に該当する、いじめ問題に対処する方法や、実践的な実例などが、視聴者に届けられていません。防災はこうしましょう、交通事故を防ぎましょう、こうした犯罪には気をつけましょう、健康管理に気をつけましょう。こうした報道はたくさん行われているのに、教育問題においては、ポジティブな提案や、命綱を提供する報道が、平時にはほとんど行われないのです。

　ただ、それはやむを得ない面もあるかもしれません。なぜなら、いじめに関する調査結果の蓄積や、現場での様々な取り組みが、メディア関係者に届いていないからです。そして、何かが起こらないと、「ニュース」として取り上げにくいというのが、メディアの特性でもあります。しかし、そうした状況は変えていくことができるはずです。本書では第2章以降、さらに具体的なデータ等を紹介しながら、いじめ対策を論じていきます。その議論が、メディア関係者や教育現場の方をはじめ、多くの人に届くことを願っています。

第2章

データで読み解くいじめの傾向

俗流いじめ論の横行

1980年代にいじめが社会問題化してから、日本でも世界でも、様々な調査が行われてきました。一方で世の中には、適切な研究成果が理解されていないということもあり、「俗流いじめ論」が横行してきました。

例えば、「戦後民主主義の教育の失敗の結果としていじめが増えている」という議論があります。しかし、いじめは戦前から当たり前のように存在していました。現在のように、メディアによって大きく取り上げられることがなかっただけです。なおかつ、かつてより増えている・ひどくなっているというからには、いじめの発生件数を比較しなければならないのですが、そうした数値的根拠に基づいた議論は皆無です。単なる個人の思い込みから、「今の教育は悪くなっているはずだ」「だから、自分好みの教育を行えば解決できる」という仕方で、牽強付会《けんきょうふかい》的な議論を行う人が後を絶たないような状況でした。

他にも、「受験戦争などのストレス社会が問題なのだ」といった形で、もっと寛容なあり方を、と主張する人もいれば、そうではなく、「戦前、戦中の道徳教育が失われたからだ。もっと厳しく道徳教育を行うべきだ」と言う人もいます。日本のいじめは特殊なのだとか、最近のいじめはひどいのだといった議論もしばしばです。いずれにしても、「当てずっぽう」で議論しているにすぎず、具体的な根拠に欠けるものでした。

そうした議論を未だに行う人もいますが、一方で90年代ぐらいになってから、研究者たちの間では、しっかりとアンケートや実態調査を行うことによって、日本のいじめにはどのような傾向があるのか、ということを把握しようという動きが出てきます。日本のみならず、海外のいじめ実態との比較調査も行われるようになってきました。その結果、日本のいじめの特徴がデータとして浮き彫りになってきました。こうしたデータを取ることによって、どういった対策をすればいいのか、ということがより明らかになってきます。

いじめ研究には30年近い蓄積があり、数字的根拠も徐々に積み上がってきています。この章では、そうしたデータのお話を紹介していきたいと思います。

いじめにはホットスポットがある

いじめには「傾向」があります。どのような人がどのような場所でいじめを受けやすいのか、いじめを受けた結果どうなるのか、いじめが発生しやすい時期はいつか、日本のいじめは海外に比べてどういう特徴があるのか、など、様々な面で事実が明らかになっているのです。

その一つ目として挙げるのが、「いじめホットスポット」の存在です。これは文字通り、いじめが起きやすい場所の傾向のことです。

いじめの発生場所について、いじめ被害を受けた人にアンケートを取ると、どの調査でも概ね傾向として、「教室でのいじめ」が一番多いという結果が出ます。次に、「廊下や階段で」、そして「クラブ活動の場所で」と続きます（図2−1）。つまり、日本でいじめ対策をするには、教室のいじめを減らすことが、まず一番のターゲットとなることがわかります。

また、第3章で紹介する大津市で行ったいじめに関するアンケート調査の部分でも詳述しますが、教室内のいじめの中でも、特に休み時間でのいじめが圧倒的に多いことがわかっています。

日本の学校では、配置される先生の数は一つの教室につき一人だけというのが普通です。つまり小学校の場合だと、担任の先生が職員室に戻るなどして目を離した隙に、中学校の場合だと、教科担任の先生の入れ替わりの時間にいじめが起きていることになります。

十分間程度の休み時間は、児童・生徒にとってどんな時間なのでしょうか。多くの学校では、「教室から出てはいけません」「他のクラスの教室に行ってはいけません」「他の学年の階に行ってはいけません」などのルールがあるため、生徒たちは教室にいなくてはなり

図2-1　学校の中での被害場所

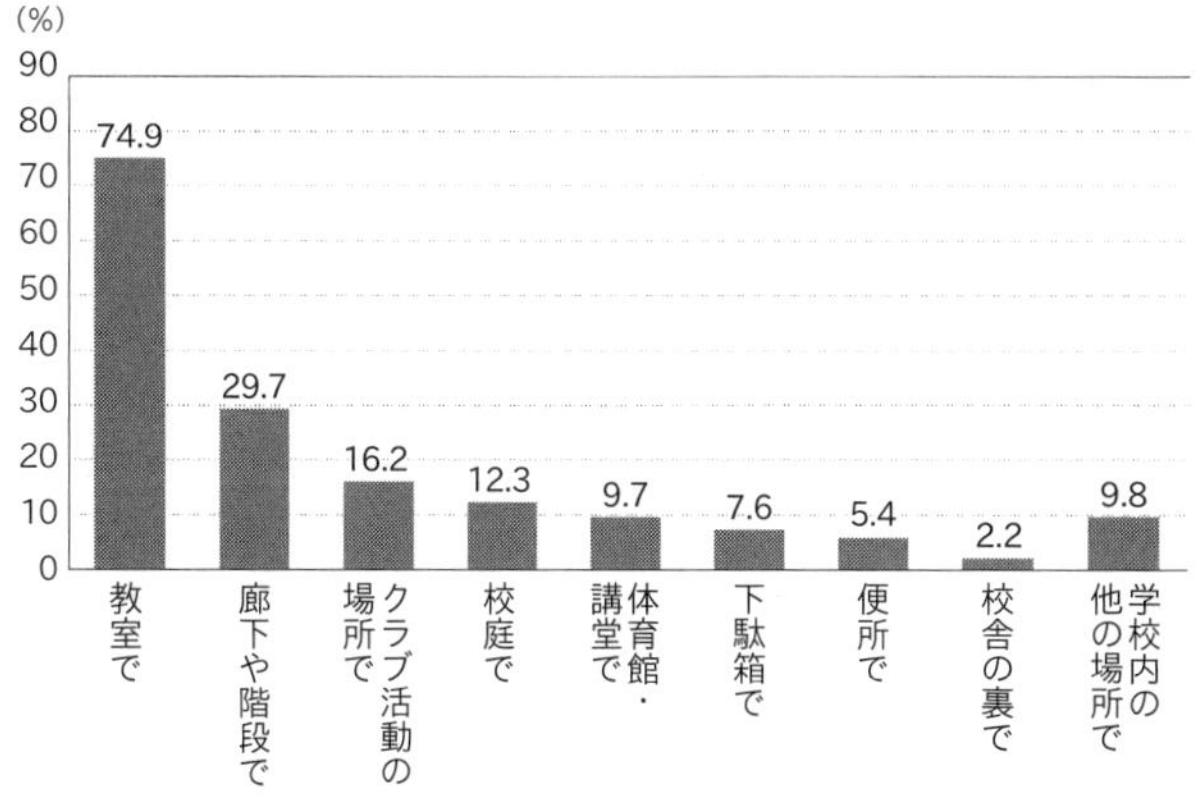

森田洋司ほか『日本のいじめ』(金子書房、1999)より作成

ません。

また、私物を持ち込むことも禁じられているため、飲み物を飲んだり、ゲームをしたり、持ってきた漫画を読んで息抜きをしたりすることもできません。教室をちょっと抜けて、コンビニで買い物をして帰ってくるなどもってのほか。そうした様々な活動が著しく制限されているのが、日本の学校空間の特徴です。

大人の社会であれば、仕事中に何かストレスを感じた場合には、たばこを吸いにいく、ちょっと外を出歩く、好きなタイミングでトイレに行き個室で息をつく、人によっては音楽を聴いてリラックスするなど、自分なりの方法でストレスに対処することができます。

しかし教室というのは、市民社会の中でも特殊な空間です。特定のメンバーと半日近く同じ空間に居続けなくてはいけない。そして、個人でできるストレス発散の選択肢が狭められている環境なのです。

こうした過剰管理に置かれた環境での休み時間において、生徒たちはクラスメイトとのコミュニケーションしか許されていない状態で、その中でストレスを発散する必要が出てきます。その結果、休み時間の教室は仲間をいじる、からかうといった形でのストレス発散行為が発生しやすい空間になっているのです。また同時に、被害者がそのいじり、からかいから逃れて、外に出て息抜きをする、もっと仲の良い他クラスの生徒と遊びにいく、ということが許されない空間にもなっているのです。

国際比較

一方、他の国ではどうでしょう。森田洋司監修『いじめの国際比較研究』（金子書房、2001）によれば、イギリス、オランダ、ノルウェーでは校庭でのいじめが多くなっています（図2－2）。そのため、ノルウェーでは、校庭に監視員を置くなどの措置がとられています。

アメリカのドラマや映画におけるいじめ描写のシーンを思い出してください。小学生たちがスクールバスで通学する際、通路で足をひっかけられたり、隣の席に座らせてもらえ

図2-2　国別に見たいじめの被害場所（学校内）

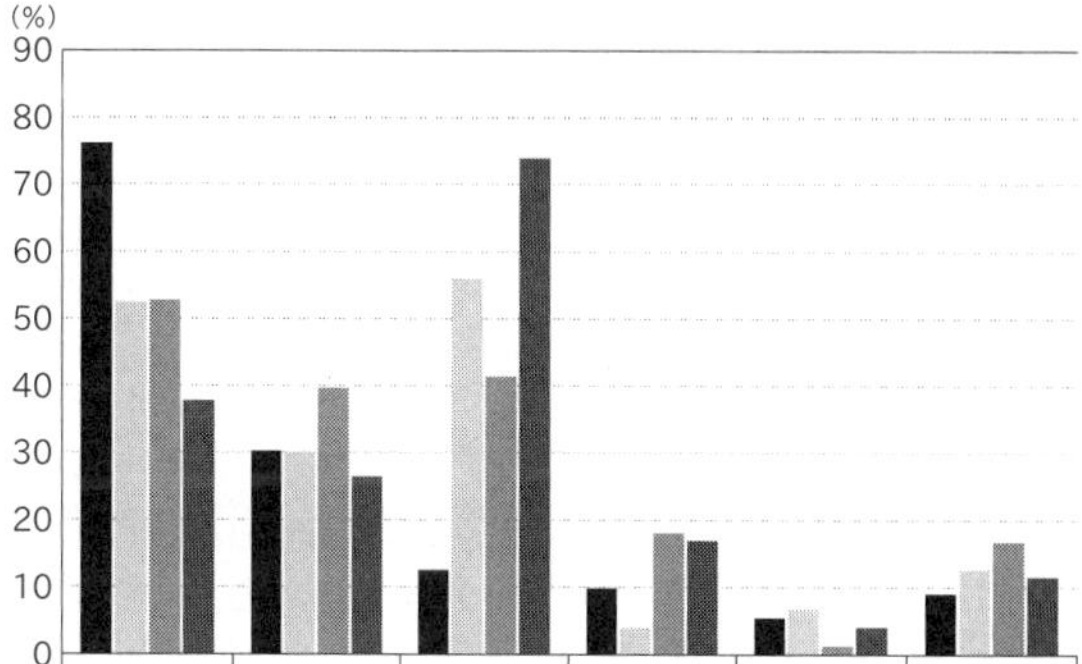

	教室	廊下階段	校庭	体育館講堂	便所	学校内他場所
日本	76.4	30.3	12.6	9.9	5.5	9.1
イギリス	52.6	30.0	56.2	4.0	6.9	12.7
オランダ	52.9	39.8	41.5	18.1	1.3	16.8
ノルウェー	37.9	26.5	74.1	17.0	4.1	11.6

なかったりするシーンを観たことがあるのではないでしょうか。また、ひ弱な（ナードの）主人公が、廊下にあるロッカーから荷物を取り出してる際に、体格の大きな（ジョックの）キャラクターに絡《から》まれるというシーンなどもよくあります。これは、アメリカの一般的な高校ではホームルームがなく、教科ごとの移動教室制となっているからです。

　対して日本の作品であれば、教室内でのひそひそ話が、代表的ないじめとして描写されるでしょう。これは単に映画文法の「お約束」が違うというだけではありません。その国のメジャーないじめのスタイルの違いが、作品にも現れているということなのです。

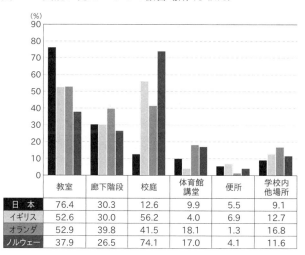

国の文化や学校制度によって、頻出するいじめのパターンが異なるということ。これは、環境によっていじめの場所や仕方が変化するということを意味します。アメリカのように移動教室がベースになっている国では、やはりロッカーのある廊下に物を取りに行った際にいじめが多く発生していますし、スクールバスで通うことが前提となっている国や地域では、バスの中でのいじめが問題視されています。

イギリスとの比較データを見てみましょう。金綱知征《かねつなともゆき》「友人集団形成傾向といじめ特性との関連についての日英比較研究」（甲子園大学紀要、２００９）によれば、イギリスでも日本同様に様々ないじめが発生していることがわかります（図２－３）。

その発生場所の傾向はどうでしょうか。日本では、教室で友達と時間を過ごすことが多くなりますが、イギリスでは、教室外で友人と多くの時間を過ごす傾向があります。特に多いのが校庭での時間です。そのためイギリスでは、いじめの発生場所も校庭が最も多くなっています。

では、いじめの構造はどうでしょうか。同じく『いじめの国際比較研究』によれば、日本は他国と比べて、一人へのいじめに関わる人数が多くなっていることがわかります（図２－４）。これは日本では、クラス内の雰囲気が悪化することにより、多人数で無視などを行うケースが多いからです。であるならば、「悪しき同調圧力」を解除することが課題

図2-3　日本とイギリスの比較データ

6つのいじめ／bullying場面の生徒認知による発生頻度の平均値
(日英比較)

	身体的攻撃	言語的攻撃	無視	仲間はずれ	金品盗み他	噂／ノート
日　本	1.99	3.35	2.10	2.05	1.89	3.13
イギリス	2.64	3.54	2.69	2.82	2.71	3.53

同学年同クラスの友人と過ごす時間の平均値(日英比較)

	自分の教室	校庭	学校内その他	登下校中	学校外
日　本	4.08	1.67	3.39	3.11	2.55
イギリス	3.76	4.18	3.59	3.10	3.04

同学年他クラスの友人と過ごす時間の平均値(日英比較)

	自分の教室	友人教室	校庭	学校内その他	登下校中	学校外
日　本	2.18	2.09	1.51	2.94	3.35	2.72
イギリス	2.73	2.54	3.56	2.96	2.77	2.85

身体的攻撃行動によるいじめの発生場所の可能性得点(日英比較)

	自分の教室	校庭	学校内その他	登下校中	学校外
日　本	3.21	1.86	3.10	2.37	2.51
イギリス	2.16	4.05	3.38	3.44	3.74

言語的攻撃行動によるいじめの発生場所の可能性得点(日英比較)

	自分の教室	校庭	学校内その他	登下校中	学校外
日　本	3.91	2.07	3.15	2.65	2.47
イギリス	2.53	3.87	3.38	3.55	3.56

であるとわかります。

いじめはどの国にもありますが、日本には日本なりの教室空間の特徴があるため、日本独自のいじめの傾向が存在します。このように、データを比べながら分析していくことで、どのような対応が必要かを把握することができるのです。

認知ギャップをいかに埋めるか

いじめの被害時期にもピークがあると言われています。文部科学省の「いじめ認知件数」に関するデータだと、中学1・2年生でピークを迎えている、ということになります（図2－5）。

しかし、国立教育政策研究所が出している、いじめの具体的な行為ごとに分けた調査や、第3章の大津市の調査など、児童・生徒に直接アンケートを取った調査では、小学校高学年がピークとなり、中学校はそれより減っている、という結果が出ています（図2－6）。

こうしたことから、学校の先生が把握しているいじめの件数と、被害者・加害者が認識している実態とではずれがあることがわかります。こうしたずれがなぜ起きるのかというと、それにはいくつかの理由があります。

図2-4　何人からいじめられたか

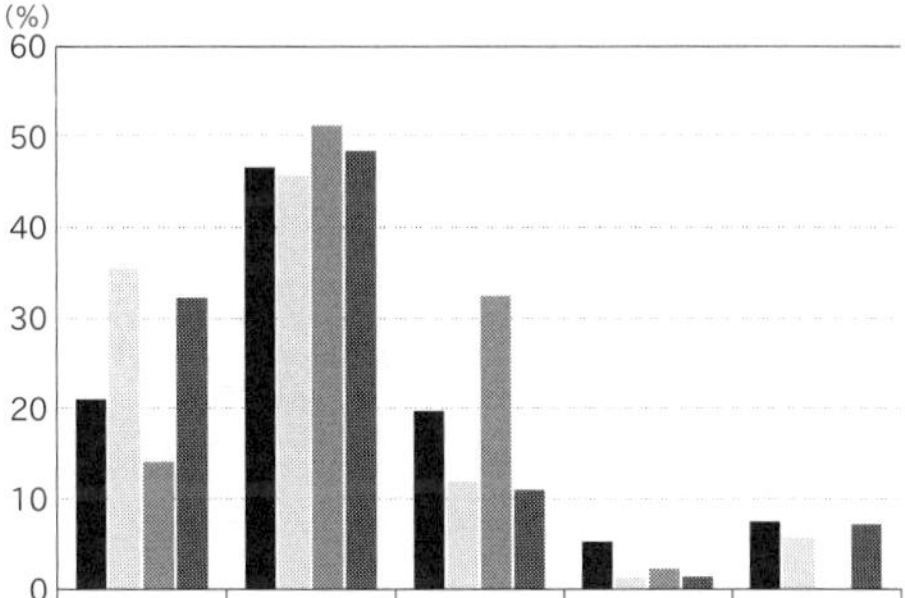

	1人	2～3人	4～9人	10人以上	不明
日　本	21.0	46.6	19.7	5.2	7.4
イギリス	35.5	45.7	11.8	1.3	5.7
オランダ	14.0	51.3	32.4	2.2	―
ノルウェー	32.2	48.4	10.9	1.3	7.1

図2-5　学校の先生が把握している学年別いじめの件数

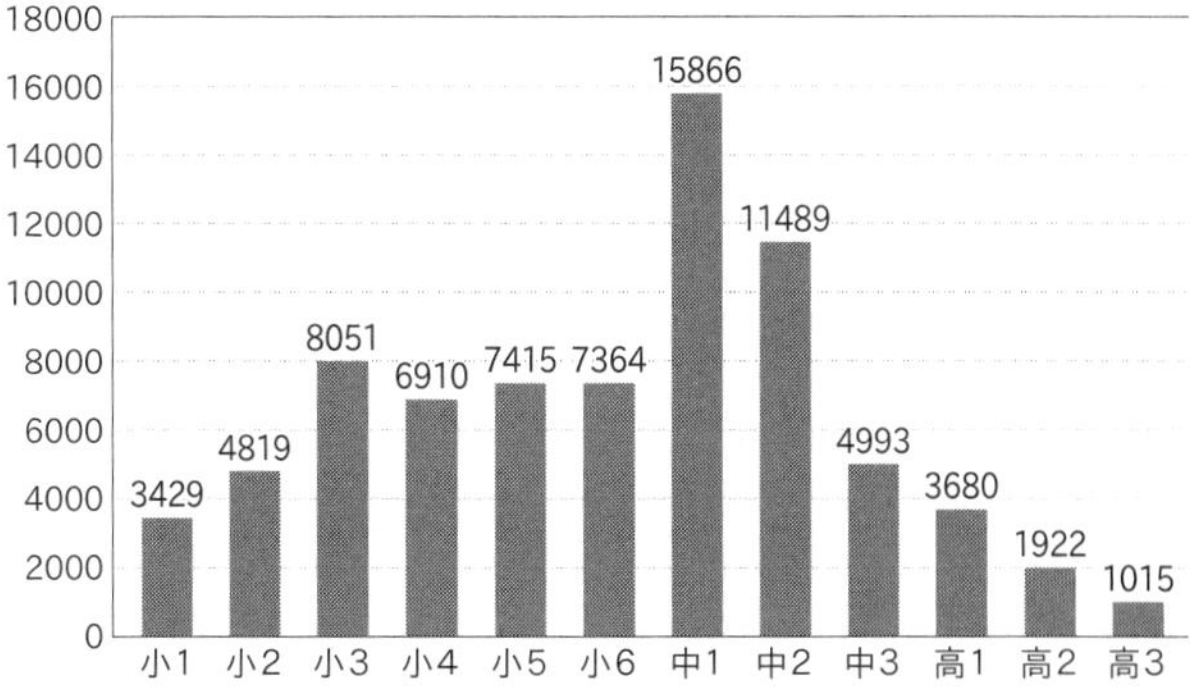

出典：文部科学省「平成22年度　児童生徒の問題行動等生徒指導上の諸問題に関する調査」

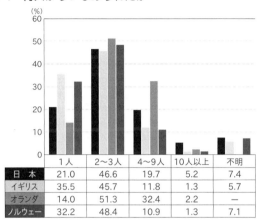

図2-6　被害者・加害者が認識しているいじめの件数

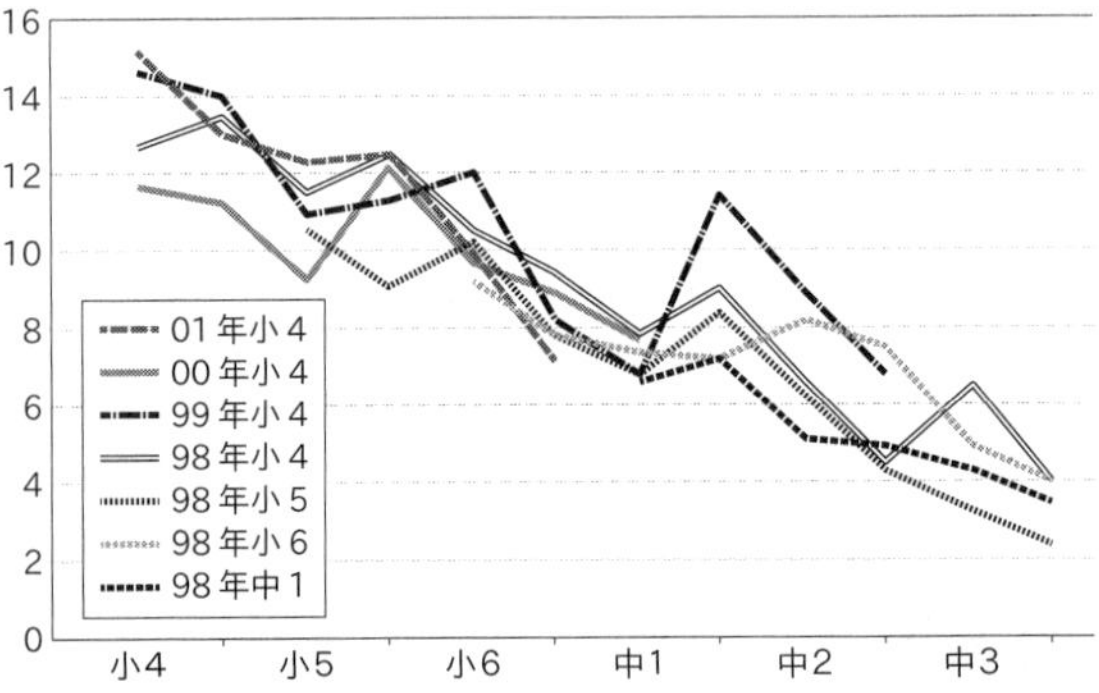

出典：国立教育政策研究所・文部科学省編
『平成17年度　教育改革国際シンポジウム「子どもを問題行動に向かわせないために ～いじめに関する追跡調査と国際比較を踏まえて～」報告書』

まず、認知のギャップ、というものが理由の一つとしてあります。小学校の場合、例えば生徒が軽く殴り合っていたり、特定の生徒をやいのやいのとはやし立てていたりする場面に遭遇しても、先生が「小さな子どものすることだから」と、こうした行為をいじめという言葉で認知しないということがあります。

また、小学校のいじめは短期間でおさまりやすい傾向があります。そのことから教師が「いじめ」と認知する前にいじめが終わり、結果として学校、自治体、文科省に報告される件数が少なくなっている、ということもあります。

一方、中学生のいじめに関しては、「中学生にもなって暴力を振るうのはおかしい」という教師の認識によって認知が増えるほか、中学校のいじめが小学校より長期化しやすく、その結果として深刻化し、いじめとして認定されやすいために認知が増えるということがあります。こうしたことから、認知件数では中学校でピークを迎えているのだと考えられます。

しかし、教師が認知していない小学校の「いじめ」についてもきちんと早期に対策をしていかないと、いじめられている子どもは自己肯定感が失われるなど、様々なマイナスの影響を抱えたまま成長してしまうので、この認知の差は是正していかなければいけません。

文科省のデータは、それだけでは何かを語るには不十分なこともありますが、こうして他のデータと比較することで、問題が浮き彫りになることもあるのです。

性別によるいじめの傾向

いじめの傾向には、性別によっても差があります。男性のほうが暴力系のいじめを行うことが多く、女性のほうは「無視」など、コミュニケーション操作系のいじめを行うことが多くなる傾向があるのです。ただ、これはあくまでも相対的な比率の問題で、もちろん単純に分けられるものではありません。当然のことながら性別にかかわらず、どちらのタイプのいじめも生じることがあります。

また、男性が女性からいじめを受けることは少ないという特徴的な傾向もあります。これには暴力系いじめに限らず、容姿に対するからかいなど、コミュニケーション操作系のいじめも多く含まれます。いじめというのは、刃向かってこない相手に対して行われるものです。力の弱い女性からは、抵抗される可能性が低いため、異性加害者は安全に攻撃をすることができるというのがこの傾向の理由だと考えられます。

いじめは「誰もが経験する」一方で「ハイリスク層」も存在する

国立教育政策研究所の調査の中に、とても重要な調査があります。いじめを「誰が」体験するのかということを把握するために、「いじめ」という言葉を使わずに、受けた行為、した行為としていくつかの行動をリストアップし、該当する行為にチェックをつけてもらうという年2回のアンケート調査です。

アンケートにおいて「いじめ」という言葉を使ってしまうと、自分のしている、受けている行為がいじめかどうかという判断を個人の主観に任せてしまうことになります。そのためこの調査では、より客観的に判断するために、「陰口を言われた」「嫌なうわさを流さ

図2-7　2010年度小学4年生の6年間12回分の「仲間はずれ・無視・陰口」経験（被害・加害）

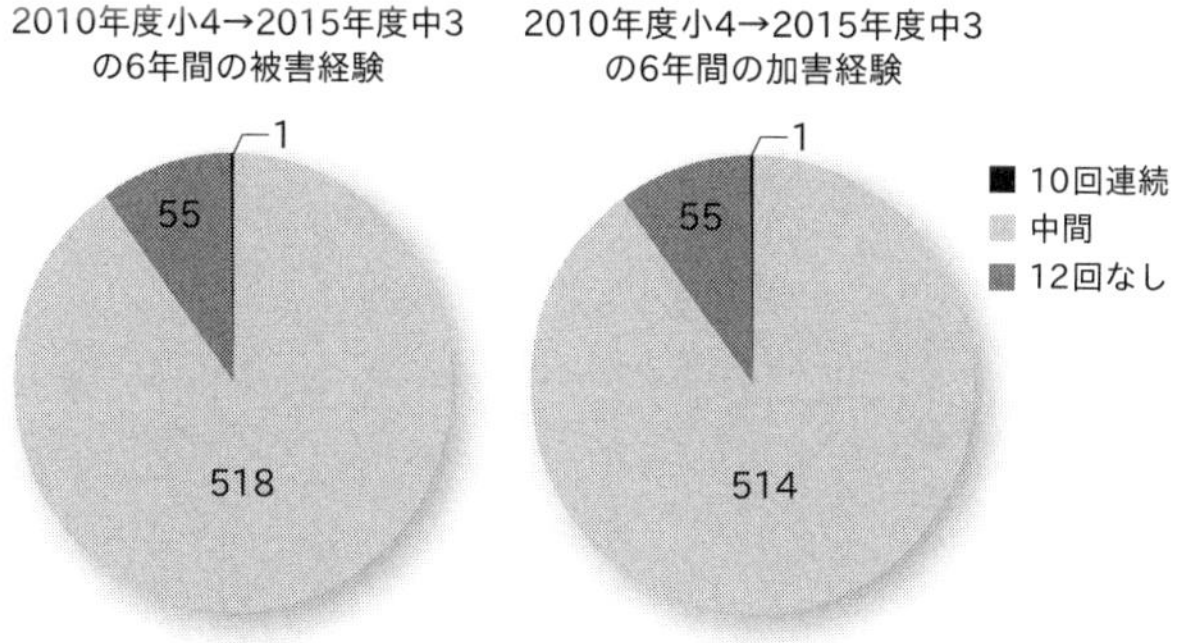

出典：国立教育政策研究所「いじめ追跡調査2013-2015」

れた」「嫌な役割を押しつけられた」「軽く殴られた」「強く殴られた」などの具体的な項目ごとにチェックをしてもらうという形でアンケートを取っているのです。

この調査では、小学4年生から中学3年生までの6年間のどこかで、いじめに該当する行為を一度でも受けた人の割合を数えると、9割にのぼるという結果になりました（図2－7）。つまり、いじめというものは、多かれ少なかれ、ほとんどの児童が学校空間で経験するということが言えるわけです。

その後の追跡調査で、こうした行為を何度も受けているのか、一度経験したきりなのか、ということも把握することができます。年2回、6年間の計12回の調査のうち、12回連続でいじめられたという人に限定すると、その数はずい

図2-8　2010年度小学4年生の6年間12回中の「仲間はずれ・無視・陰口」経験回数（頻度を問わない）（被害・加害）

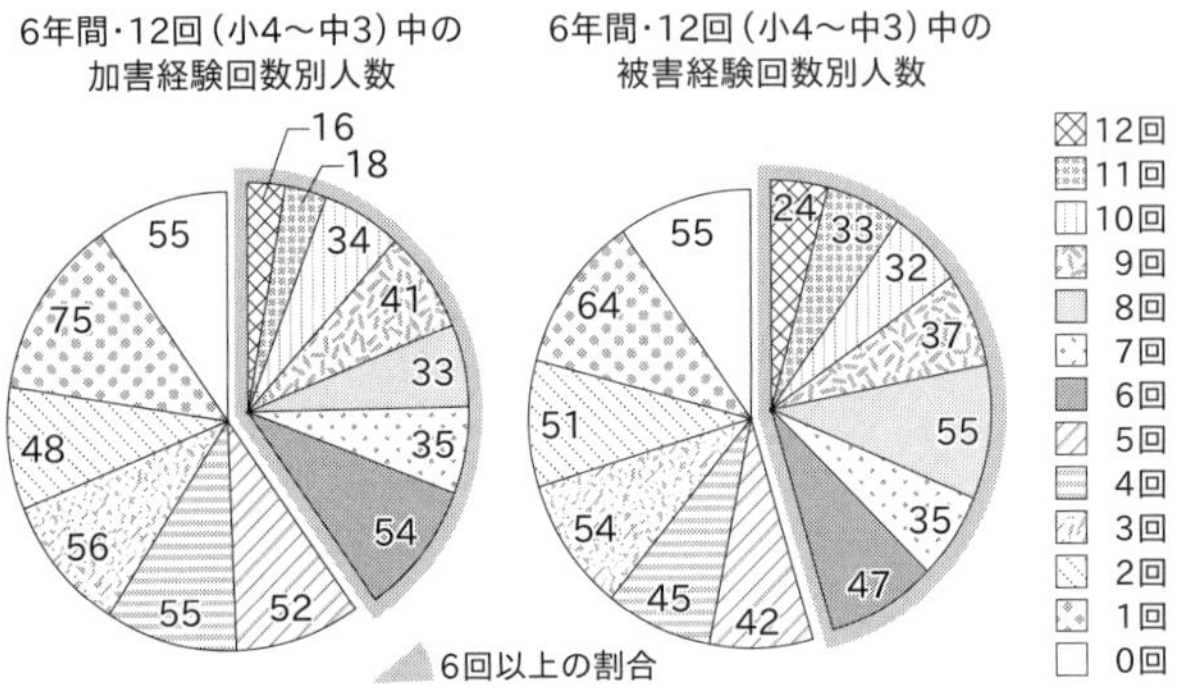

出典：国立教育政策研究所「いじめ追跡調査2013-2015」

ぶん減ります（図2－8）。しかし、少なくなるとはいえ、ずっといじめられている人というのも、一定の数は存在しているのです。

つまりこの調査からは、「いじめは誰もが経験する」ということも、「特にいじめられる人がいる」ということも、どちらも成り立つということがわかります。

さて、ではどのような児童・生徒がいじめの対象になりやすいのでしょうか。このことについても研究がたくさん行われています。詳しくは第7章で述べますが、例えば、社会的な「マイノリティ」といわれる層や、社会的スキルが身につけられていない児童などは、いじめの対象になりやすいということが指摘されています。

他方で、いじめを行う加害者側において

は、他の児童に比べてコミュニケーション能力が高い、社会スキルが高い子が中心になりやすいことが指摘されています。社交性が高く、周りの仲間を味方につけるスキルのある者が、特定のターゲットを選んで攻撃を促す傾向がある、ということです。

ただし、誰もがいじめを経験するという一方で、じつは加害行為も9割近い児童がどこかで誰かに行っている、というデータも出ています。ですので、いわゆる「いじめっ子／いじめられっ子」という単純な二項対立で把握することはできません。とはいえ、ずっと加害行為を行う子もいれば、ずっと被害を受け続ける子もいる。そうした構造を温存してしまう環境を改善することが重要となります。

いじめはエスカレートする

もう一つ、いじめの重要な傾向として、「エスカレートする」ということが言えます。大学生を対象にした回想調査や、第3章で紹介する大津市のアンケートでもデータが出ていますが、いじめというのは長く続けば続くほど、あるいは発生する頻度が高いほど、内容が残酷なものになっていく傾向があります。この傾向は「いじめのエスカレーション論」として説明できます。

いじめというのは、同じ構造の中で時間をともにしなくてはいけない者が、徐々に嗜《し》虐《ぎゃく》的関与をしていくものです。例えば入学式の日、互いが互いをまったく知らない状況の中で、ある子が別の子に対し、「明日10万円持ってこい」と突然言うことはまず考えにくい。

初めは軽いマウンティング（マウンティングについては、第5章で詳しく説明します）から始まり、いじり／いじられキャラなどのキャラ付けが行われいじられキャラになった人に対して度々ちょっかいを出し、嫌なあだ名をつけ、みんなで無視をして、そのうえで暴力、金品の要求、大勢の前で辱《はずかし》めるような行為に発展する——このように、少しずついじめの重篤度が高まっていくというのが、「いじめのエスカレーション論」の内容です（図2-9）。

このように、時間をかけていじめは育っていく。そのことを踏まえるからこそ、いじめ対策においては、早期発見・早期対応が重要になるわけです。アンケートにおいて「ほとんどいじめがなかった」と答えるクラスでは、先生が生徒と良好な関係を構築しており、それゆえ、いじめに早期対応できている傾向にあります。だからこそ、残酷ないじめの発生率が低く抑えられているのです。

大きないじめ自殺事件が取り上げられた後に、そのいじめについて様々な調査が行われると、自殺に至るほどの大きないじめに発展する前の段階からいじめが存在していたこと

図2-9　いじめは時間とともにエスカレートする

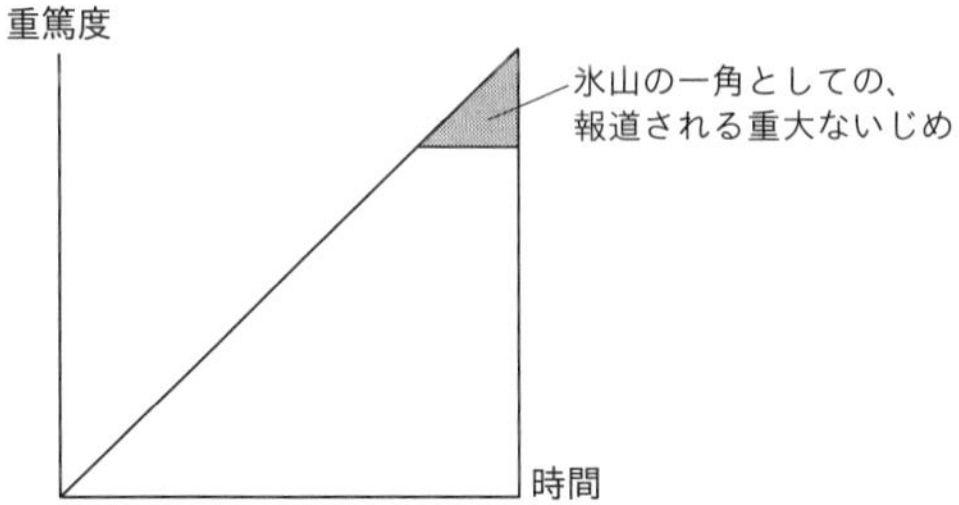

が明らかになることがほとんどです。報じられるような大きないじめの背景には、そこまで育ってきた様々ないじめの蓄積があり、それに対処できなかった経緯がある。今では、いじめの重大事態が発生した場合、第三者委員会が検証を行うことがしばしばありますが、委員会においては「なぜそこまでいじめが育ったのか」を丁寧に読み解くことなしに、改善策を議論することはできません。

２０１８年に総務省が公表した「いじめ防止対策の推進に関する調査結果報告書」を見ると、いじめ防止法（後述）における「重大事態」にあてはまるケースを分析した結果、78％の事案で「冷やかし・からかい等」がエスカレートして重大事態に至っていたことがわかります。また、自死案件については、被害者が事案発生前に、「死にたい」などのほのめかしを行っていたケースが半数を超え、その大半が自死当日の７日以内であったことがわかります。ある段階までいじめがエスカレートすると、わずかな期間で

図2-10　教師が介入することによって、いじめは改善する

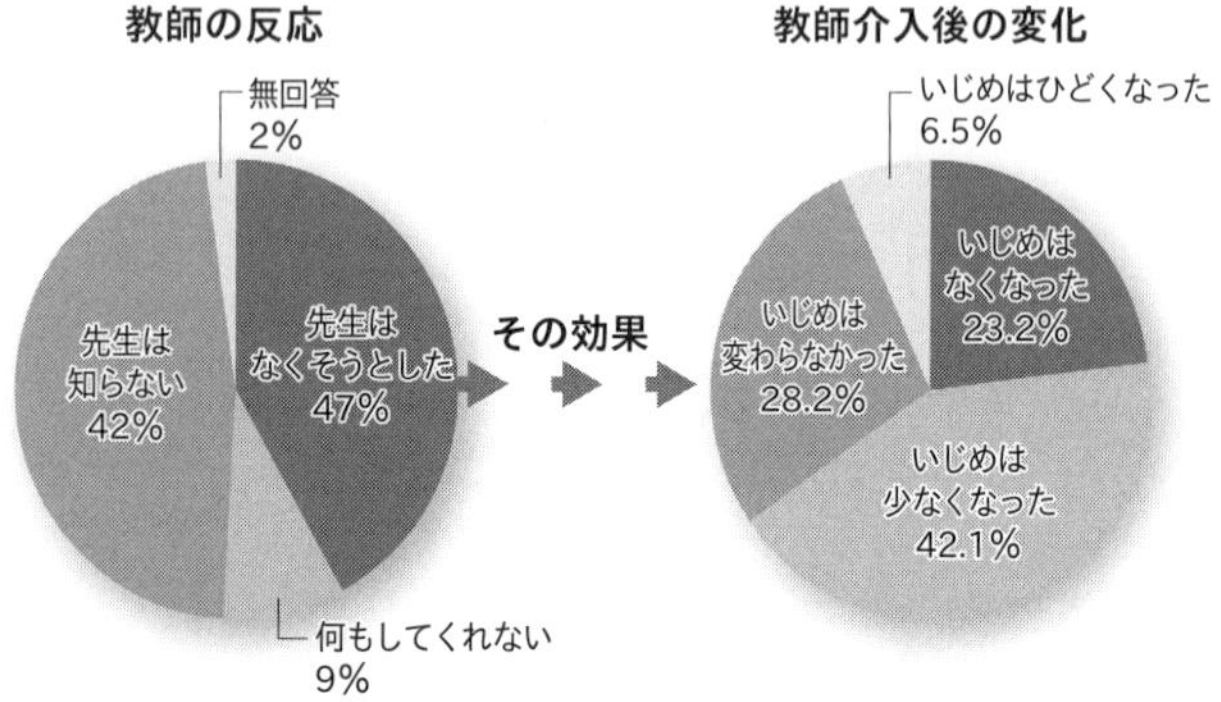

森田洋司ほか『日本のいじめ』および日本教育政策研究所のデータより作成

追い詰められてしまうのです。

これらのことから、こうしたエスカレーションの過程を経《へ》る前に、児童からの相談を受けたり、大人が早期の段階でいじめを見つけたり、あるいは他の児童から通報を受けたりすることができるような、相談しやすい環境づくり、放置をしない環境づくりをしていくことが必要だということがわかります。

残念ながら、現実には、放置されてしまっているいじめが多く存在します。そもそも、いじめがあった時に先生が対応してくれた、という人の割合は、1999年のデータ（森田洋司ほか『日本のいじめ』金子書房、1999）だと、4割ちょっと、となっています。つまり6割近くの教師は、相談を受けても対応してくれない、いじめの存在に気がついていないというこ

とです（図2－10）。

一方で、教師に相談した場合に、「いじめは少なくなった」「いじめはなくなった」という割合は、大体6割強になっています。そして、「変わらなかった」が28％、「ひどくなった」は6％ということになっています。このデータを見ると、教師が介入することによって、いじめはマシになる可能性が高い、ということが言えます。「教師に言うと悪化する」というイメージも強くありますが、相談を促すことには一定の合理性があるわけです。

ということは、いじめの対策において、もちろん具体的なメソッドやノウハウを知っておくということは重要ですし、この本ではそれを後の章で紹介していきますが、まずはしっかりと発見して対処する件数を増やしていくだけでも、いじめを抑制したり、予防したりする効果があることがわかります。そしてそのためには、いじめの発見率・介入率を高められるような体制づくりが必要になるのです。

第3章

大津市の大規模調査からわかったこと

大津市中2いじめ自殺への対応

２０１１年10月、滋賀県大津市内の中学2年生の生徒が、いじめを苦に自ら命を絶ちました。この事件を受けて大津市は、自殺した生徒に対するいじめの事実関係、生徒が亡くなった原因、学校と教育委員会の対応について調査するため、外部の専門家による第三者委員会を設置。第三者委員会は、いじめが再び起こらないようにするための意見を調査報告書にまとめ、大津市に提出しました。

この第三者委員会が発足すると同時に、大津市議会は、「大津市子どものいじめの防止に関する条例」を策定し、この条例に基づき、具体的な取り組みを定めた「大津市いじめの防止に関する行動計画」が作られました。

さらに大津市は、２０１４年に策定された第一期行動計画の評価を、２０１５年度に行いました。そして２０１６年度、その評価をもとに、２０１７年度から２０２２年度までの6年間の方針を定める、第二期行動計画を策定。私もこの委員会に参加し、様々な提言をしてきました。

特に力を入れたのが、アンケートに基づいた、具体的な対策の検討・検証です。大津市はいじめに関する実態調査を、大津市内の全小中学校を対象に、各学年の１クラスを抽出

図3-1　2015年度いじめ被害率（2016年調査）

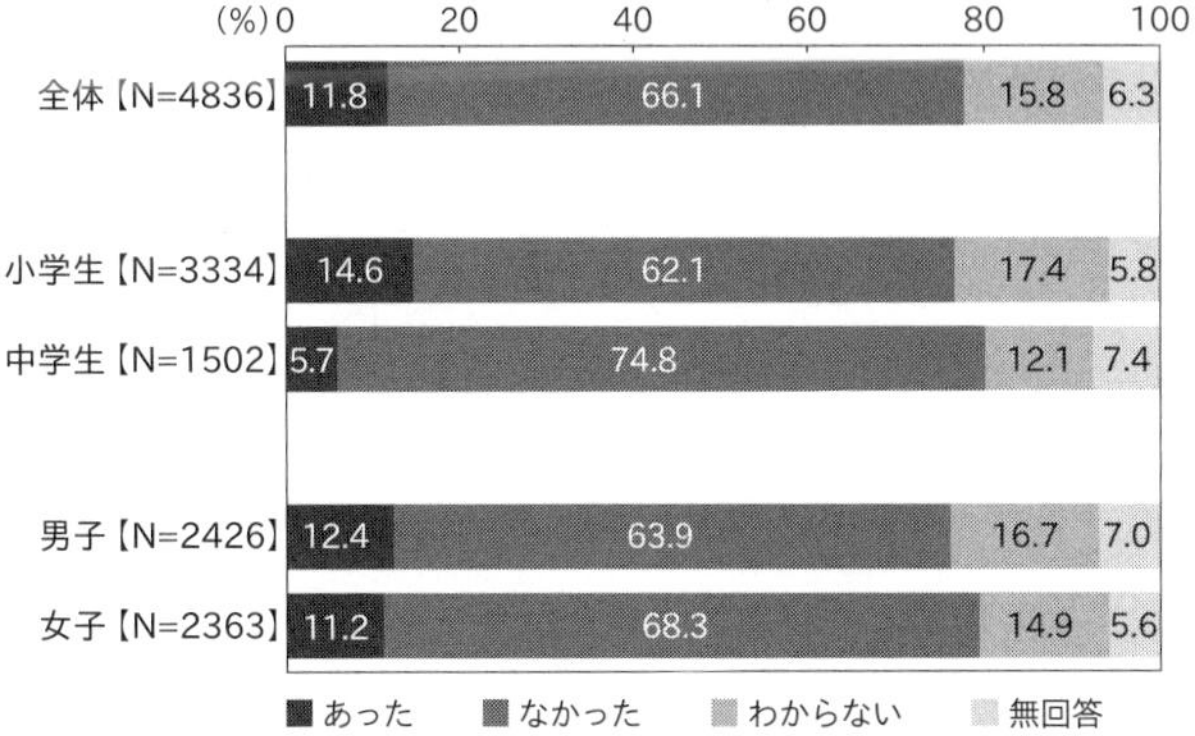

して行いました。全学校、全学年が入っているため、偏りが少なく、かつサンプル数の充実したデータになっています。これだけ大規模な調査ができるのは、自治体主体の調査ならではの強みです。本章ではこの調査データをもとに、いじめについての更なる分析を行っていきたいと思います。

夏休み明けがいじめのピーク？

図3－1は、2016年に行った、「前の学年のとき、いじめを受けたことがありましたか？」という設問に対する回答結果です。一見何気ない設問のようですが、じつはこの設問には前年まで、「前の学年のとき」という文言は入っていませんでした。些細《ささい》な差に感じられるかもしれませんが、この一言で得られるデータの意義が大きく

図3-2　2015年度いじめを受けた時期の割合（2016年調査）

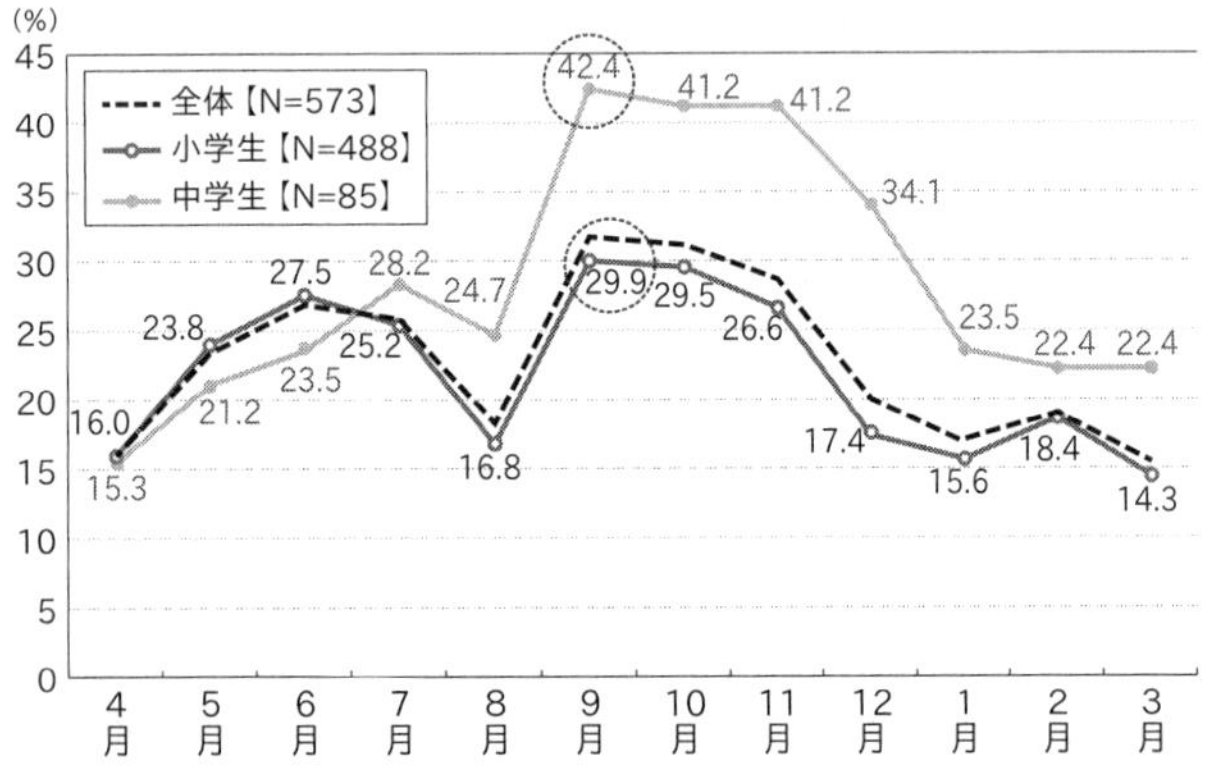

変わってきます。なぜなら、例えば中学生が「経験がある」と回答したとしても、それが小学校低学年での経験なのか、中学に入ってからの経験なのかによって、まったく意味合いが異なってくるからです。

この調査の結果から、小学生よりも中学生のほうが、いじめの被害発生率が低いことがわかります。調査結果そのものは、前章でも紹介した従来の研究結果を再確認する内容になっています。文部科学省調査では、「認知率」では中学校のほうが上ですが、多くの調査では「経験率」だと小学生のほうが高くなります。これは、小学生のいじめを、教師が「いじめとまでは言えない」と過小評価することなどが影響しているのでしょう。

次の設問では、前の設問で前年度にいじめを受けたことが「あった」と答えた人に、具体的にどの月にいじめを受けたのかを尋ねました。複数回答で、いじめを受けた期間をチェックしてもらうのです。結果わかったのは、小、中学校ともに、圧倒的に9〜11月のいじめが抜きん出て多いということです（図3－2）。

夏休み明けにあたる9月1日の自殺率が高いことをはじめとして（これを「連休明けブルー」と呼びます）、9月がいじめ対策の必要な時期であることは、これまでにも指摘されてきましたが、このデータによってその裏付けが取れた形になります。

8月に被害率ががくっと下がっていますが、これはこの時期が夏休み期間にあたるからです。学校に行かなくなれば、当然学校でのいじめ被害は減ります。しかし、中学生は小学生に比べ、この期間もいじめが継続しがちで、比較的に高めの数値になっています。これはなぜかと言うと、中学生には夏休み中でも部活動があるためです。教室内でのいじめが最も多いということもあり見落とされがちですが、部活動における指導においても、いじめの注意喚起が必要だという論点が見えてきます。

再調査から見えてきた、もう一つのピーク時期

2017年のアンケートでは、2016年調査の結果を踏まえ、少し設問の文言を変えました。2016年は、「前の学年のとき、いじめを受けたことがありましたか？」と尋

ね、その具体的な項目や時期を尋ねるという方式でした。対して2017年は、「前の学年のとき、次のようなことをされたことはありますか？」としたうえで具体的な項目を尋ね、時期などとともに、「それをいじめだと感じたか」と尋ねるという形式をとりました。

この形式に変えたうえで調査を行ったところ、ピーク時期にずれがあることがわかりました。9～11月のピークとは別に、6月の時期に、もう一つ大きなピーク時期が出てきたのです（図3－3）。

調査対象である2015年度と2016年度の間で、いじめが行われる時期が実際に変わったという可能性もありますが、この調査結果からはもう一つ、実際には6月頃から「いじめ行為」は発生しているが、その行為が2学期にまで継続していった場合、その苦痛をはじめて「いじめ被害」として当事者が認識するがゆえに9～11月にピークが発生しているという可能性も見えてきます。この点は、今後の調査を見守る必要がありますが、少なくともこうした調査を行うことによって、どの時期に重点的に見回りをすべきか、どの時期の前に予防授業などを行えばいいのかなど、具体的ないじめ対策の行動計画をより効率的に考えることができるようになります。

いじめを受けた時期に関する設問からは、いじめの継続期間も知ることもできます（図3－4）。全体で一番多いのは、1か月以内に終わるいじめです。長く続いても、3か月

図3-3　2016年度いじめを受けた時期の割合（2017年調査）

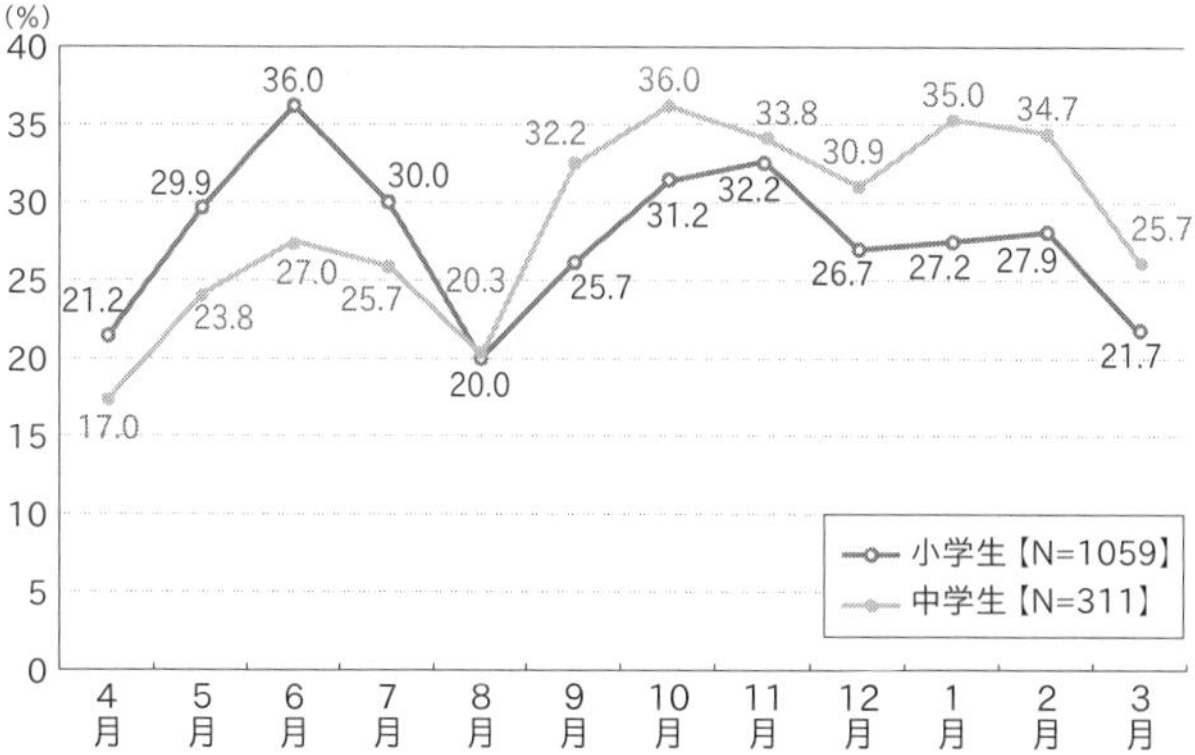

図3-4　2015年度いじめの継続期間（2016年調査）

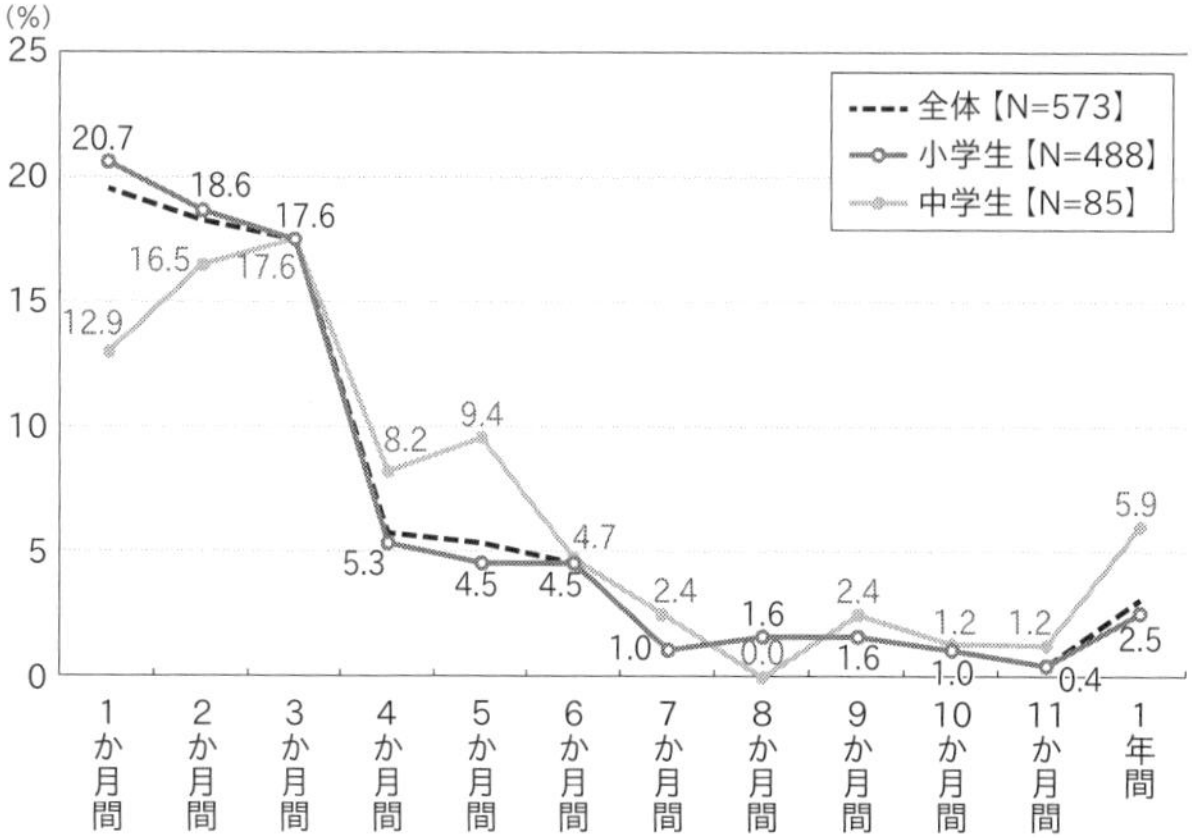

以内に終わるものがほとんどです。しかし、小学校と中学校を分けて見ていくと、中学生のいじめは、小学生に比べて長期にわたっていることがわかります。

小学校の場合は、ターゲットが次々と変わり、からかいが連鎖していく形になっているのですが、中学生の場合は、いじめ被害率が低い一方で、一度ターゲットが特定されると、いじめが固定化・長期化されていくケースが多いのです。

被害の実態

「いじめを受けたことがあるか」という設問だけでは、具体的な被害の実態を知ることはできません。そこで、どのようないじめを受けたのかを個別に尋ねた調査結果をまとめたのが図3－5です。

小学生と中学生の結果を比較すると、「からかわれた」「仲間はずれにされた」などの、いわゆるコミュニケーション操作系のいじめは、中学生のほうが増えていることがわかります。一方で、「ぶつかられた」などの暴力系のいじめの割合は、小学生のほうが高くなっています。

また、中学生と小学生の差が大きい項目を見ると、中学生になると「恥ずかしいことをさせられた」という、思春期ゆえに深刻な悩みとなるいじめが増えたり、携帯電話の所有

図3-5　小学校、中学校におけるいじめ被害内容の比較

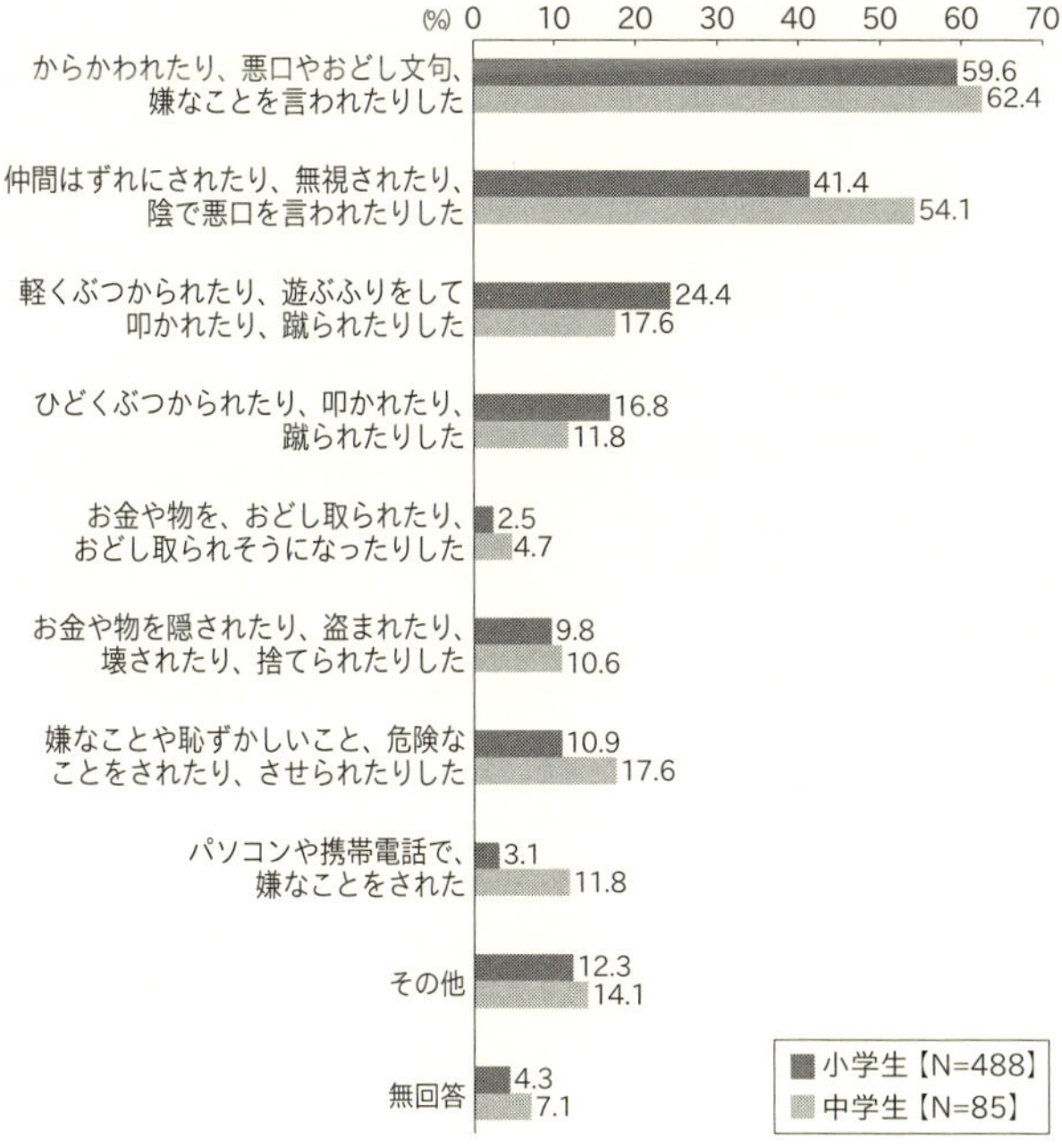

率が上がることによって、ネットを介したいじめが増えたりすることがわかります。

　ちなみに、ネットいじめについては、ネットいじめを受けている人と、他のいじめを受けている人のクロス集計を行いました。すると、ネットいじめを受けた人の9割が、同時に他のいじめも受けているという結果になりました。つまり、ネットいじめ「だけ」を受ける人はほとんどいない、という既存のデータと同じ

結果が、大津市の調査でも確認されたということです（ネットいじめについては第8章でより詳しく述べます）。

このほか、いじめを受けたことがある人に、「誰からいじめを受けましたか？」という質問をしたところ、圧倒的に「同じクラスの人」という回答が多くなりました。また、男女差を見ると、同性同士のいじめが多いには多いのですが、女子が男子からいじめを受ける割合のほうが、男子が女子からいじめを受ける割合よりぐっと高くなっています。

中学校のいじめにおいては、部活動でのいじめの割合も高くなっています。多くの中学校で部活加入が事実上義務づけられています。部活動は凝集性が高い集団で、休みの日も長時間ともに過ごすことが多かったり、合宿や遠征など、泊まりの行事もクラスに比べて多かったりするため、部活動におけるいじめ機会の多さについても、もっと議論を深めていく必要があるでしょう。

また、いじめを受けた場所を聞いたところ、「教室」が1位で、「廊下」が2位という結果になりました。これも、これまでの調査と同様の結果が出ています。

時間帯については、「お昼休み」と「休み時間」が抜きん出て多いことがわかりました（図3－6）。休み時間は暇を持て余すけれど、教室にいなくてはならず、ストレスがたまる時間です。ゲームも持ち込めず、ご飯やお菓子も食べられない。場合によっては、水を

図3-6　いじめの多い時間帯

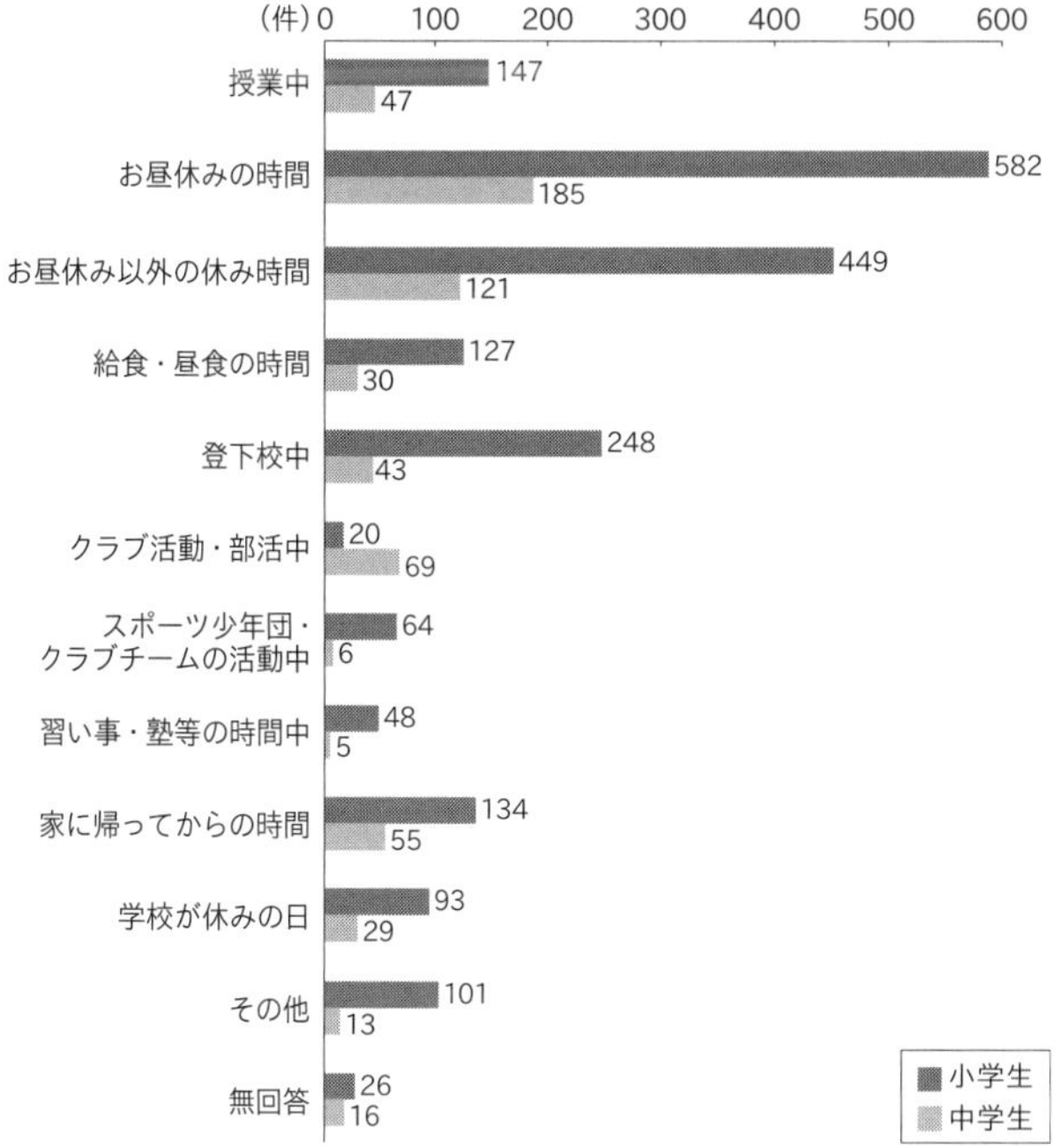

飲むことも制限されている。そうした状況下で、ストレスをためた子どもたちが、狭い人間関係の中で十分間を消化しなくてはいけない。

子どもだって過労になるわけですが、その当り前のことへの配慮がほとんどなされていない。そんな特殊な環境にあり、なおかつ、先生が教室にいない、大人の目の空白が生まれる時間帯でもあるので、いじめが起こりやすい環境となってしまっているわけです。

こうしたいじめの傾向を把握することで、「いつ」「どこで」「どんな」いじめに対策すればいいのかが見えてきます。特に、大人の目が行き届かない時間や、過剰に子どもたちが関わり合わなくてはならない時間には、注意が必要だということがわかるでしょう。

いじめの分類

繰り返しになりますが、いじめというのは、環境によって育てられるものです。最初は軽い小突《こづ》きやいじりから始まり、反応などを窺《うかが》いながらいじめを「成長」させていく。そうした模様は、大津の調査結果からも浮き彫りになりました。

まず、いじめの内容を便宜的に3つに分類してみましょう。（1）軽易ないじめ（「からかわれたり、悪口やおどし文句、嫌なことを言われたりした」「仲間はずれにされたり、無視されたり、陰で悪口を言われたりした」「軽くぶつかられたり、遊ぶふりをして叩かれたり、蹴られたりした」）と、（2）重篤ないじめ（「ひどくぶつかられたり、叩かれたり、蹴られたりした」「お金や物を、おどし取られたり、おどし取られそうになったりした」「お金や物を隠されたり、盗まれたり、壊されたり、捨てられたりした」「嫌なことや恥ずかしいこと、危険なことをされたり、させられたりした」）、そして（3）ネットいじめ（「パソコンや携帯電話で、嫌な

図3-7　分類別被害経験率

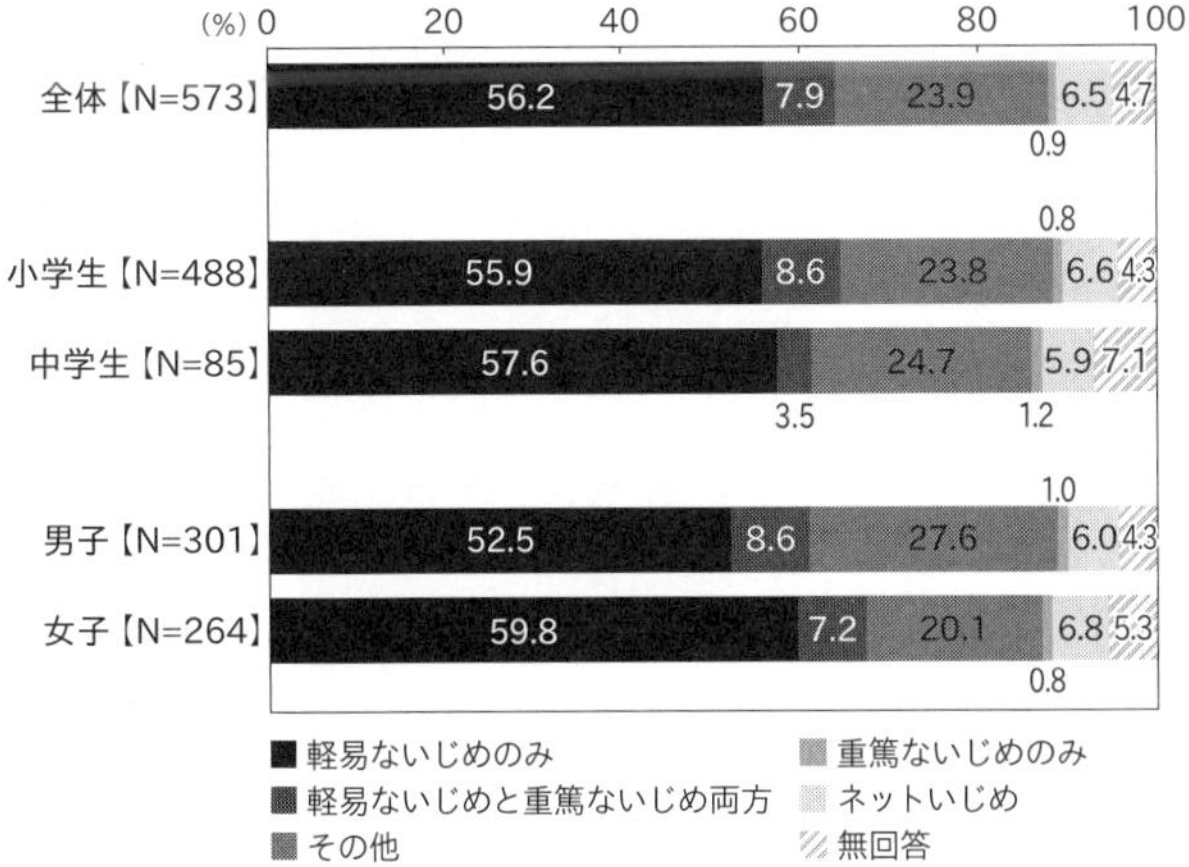

ことをされた」）です。こうして分類したうえで、被害経験率を整理します（図３－７）。

すると、まず軽易ないじめが最も多いこと、続いて「軽易ないじめと重篤ないじめ両方」が多いことがわかります。このことから、「重篤ないじめ」だけを受けるという人は全体から見ると少数であること、そして、いじめが軽易なものから重篤なものへとエスカレートしている実態が明らかになります。また、ネットいじめについていえば、被害経験がある人は全体の中でごく少数であることもわかります。

このうち、ネットいじめを受けたことのある人のみを抽出して、先の３分類でクロスさせてみるとどうでしょう（図３－８）。サンプル数はとても少ないですが、「ネットいじめと軽易ないじめと重篤ないじめ」が最も多いことがわかります。ここから、ネットいじめはそれ単体で発生するものではないということ、教室でのいじめがエスカレートしていく過程で、ネットを用いたいじめも発生するという関係性が見て取れます。

ここ10年間、「学校裏サイト」「ＬＩＮＥいじめ」など、ネットいじめに関する報道が後を絶ちません。そうした議論の多くは、「ネットリテラシーを身に付けさせよう」という主張にたどり着きがちです。しかしこのデータからわかることは、ネットいじめ対策として必要なのは、ネットリテラシーやネットマナーを伝えることよりも、子どもたちがいる教室の中の人間関係を改善し、コミュニケーション全般に関する適切な介助を行うことだということです。ネットだけの問題だと思い込んでいると、ネットいじめを含めて適切な対応などできないのです。

子どもは「誰」に相談しているのか

さて、こうしたいじめを受けた際、子どもたちはどの程度、周囲に相談しているのでしょう（図３－９）。全体としては、誰かに相談したことのある人の割合が多い一方で、「学校の先生」に対して相談したという人の割合がまだまだ低いことが気がかりです。教師がいじめを認知しなければ、具体的な対策をとることができません。

図3-8　ネットいじめと他のいじめ被害のクロス集計

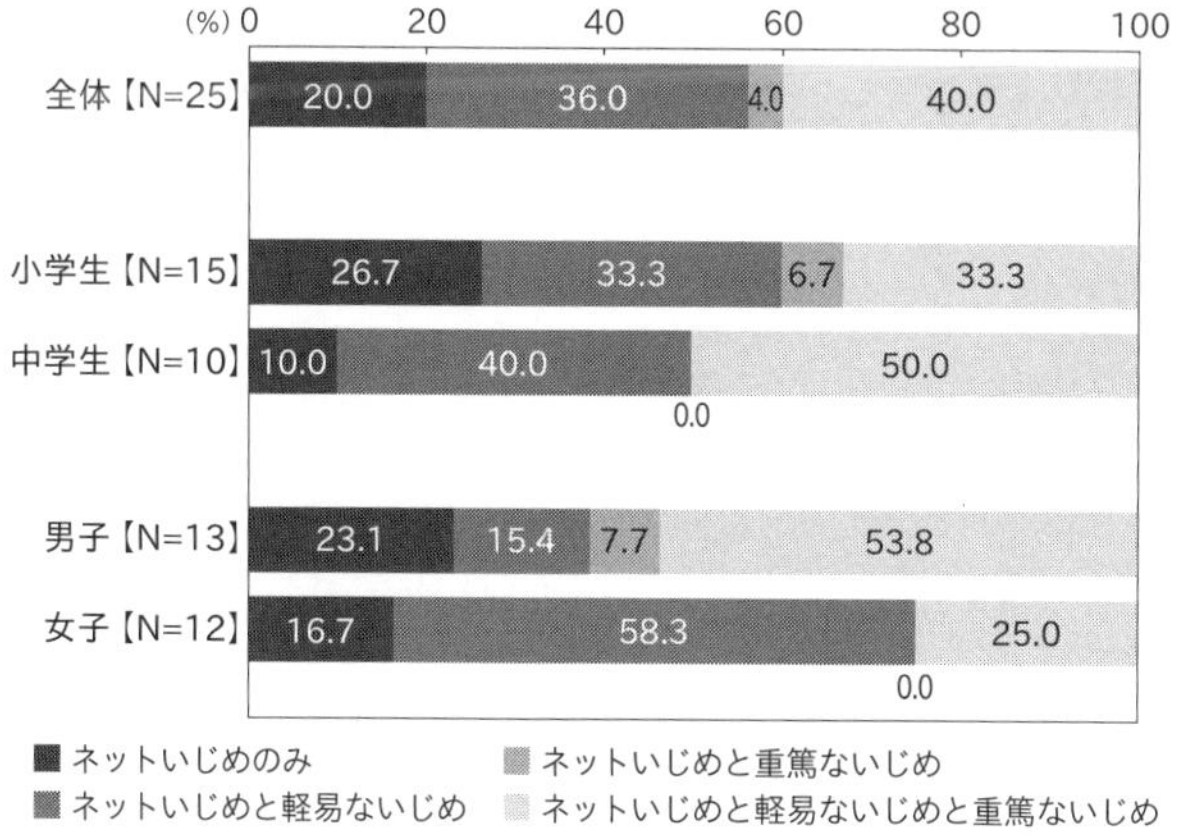

図3-9　被害者の相談先

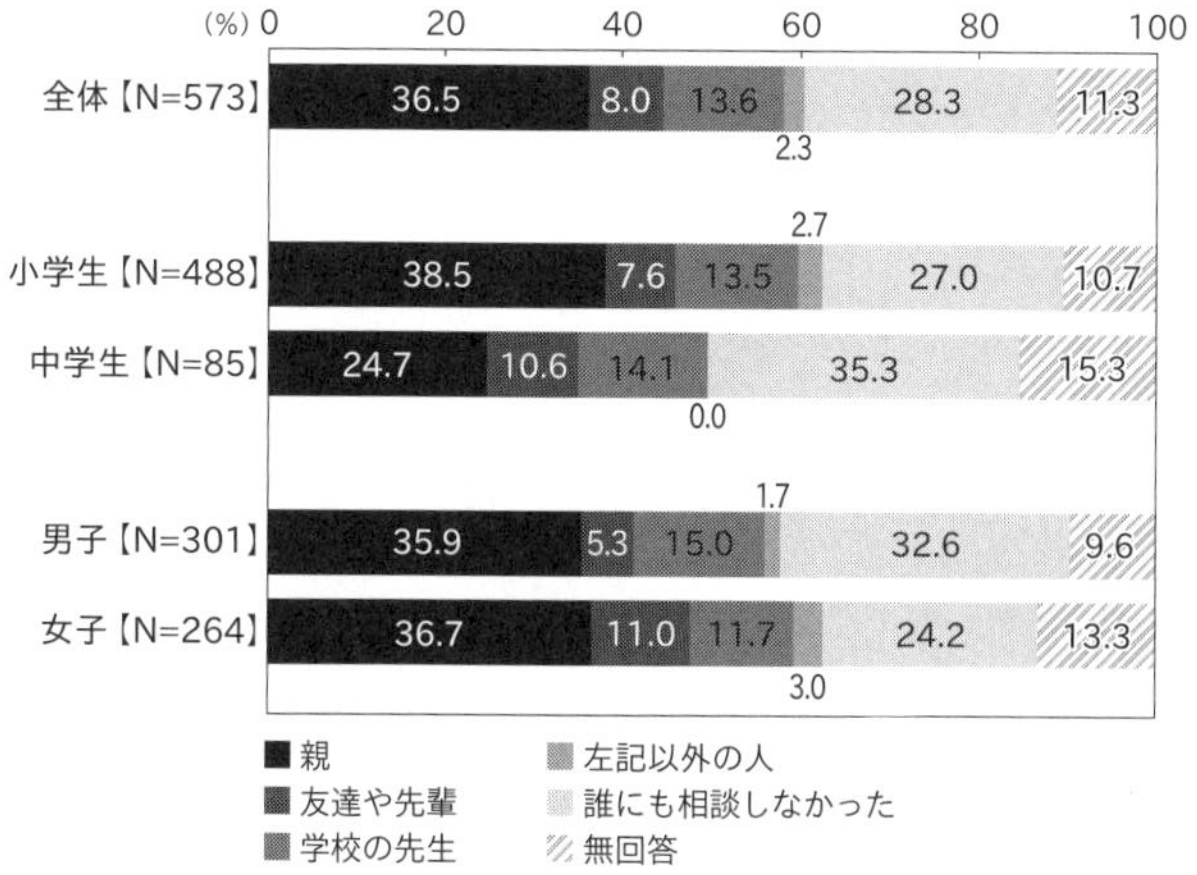

多くの子どもが誰かしらに相談をしている一方で、誰にも相談しなかった生徒も一定数存在します。誰にも相談しなかった理由について聞いたところ、小学生は「誰にも心配や迷惑をかけたくないから」が最も高く、中学生は「相談するとよけいにいじめられるから」「相談しても何もしてくれないから」が最も高いことがわかりました（図3－10）。つまり子どもたちは、誰かに相談をすることで、具体的な解決に結びつくというイメージを持てていないのです。

ただし、いじめを誰かに相談した人に、相談の効果について尋ねた結果、「いじめは少なくなった」「いじめはなくなった」と回答した人数を合わせると7割近くにのぼることがわかりました（図3－11）。つまり、実際には、周囲への相談はいじめ解決に結びつく重要な選択肢であるにもかかわらず、子どもたちにそのことを躊躇《ちゅうちょ》させてしまう現実があるということです。

こうした実態を踏まえると、いじめの相談を躊躇するような心理的障壁を取り除き、相談しやすい体制を作り、相談をすれば適切な解決に結びつくということをあらかじめ丁寧に説明しておくことが重要だとわかります。「いじめをするな」という漠然とした指導をするのではなく、「もしこの教室でいじめがあった場合、学校側はどのように解決していくのか」というフローを開示しておくのです。

図3-10　いじめを相談できない理由

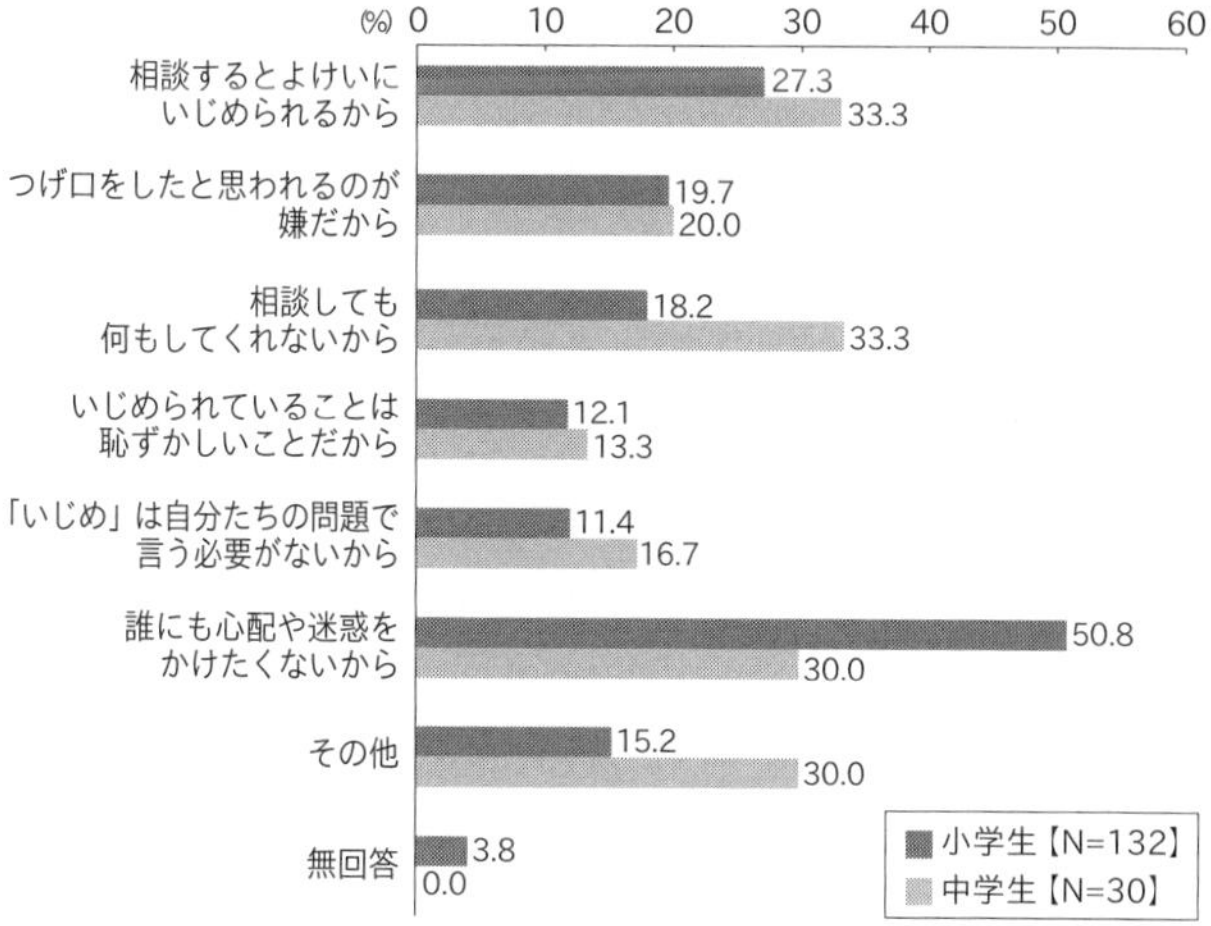

図3-11　相談した結果どうなったか

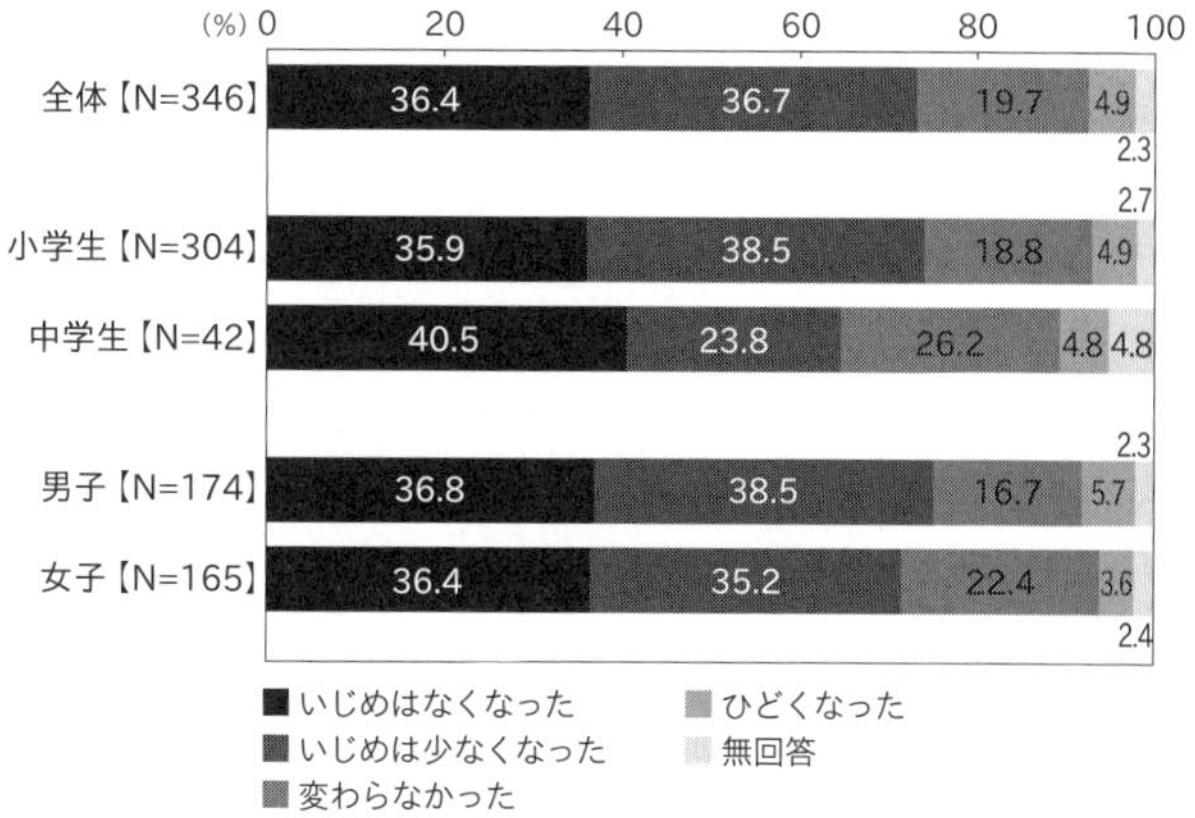

また、こうしたデータを取ることによって、「いじめの認知率」で教師を評価するのではなく、「いじめの改善率」で評価する、というようなこともできるようになります。

もう一歩踏み込んで、どんないじめを受けている人が、相談から遠ざかっているのかを見ていきましょう。すると、軽易ないじめについては比較的相談しやすい一方で、「物をおどし取られた」「恥ずかしいことをさせられた」「ネットいじめを受けた」という経験については、なかなか相談しにくいということがわかります（図3－12）。

こうしたいじめを受けている段階で、いじめが一定以上エスカレートしているということを踏まえると、いじめに早期対応できない教室であったこと、そして、そんな教室だからこそ、なおのこと相談しにくかったであろうことが想像されます。いじめを早期発見し、初期段階でなくしていくこと、ストレスのない教室環境を作り、なおかついじめについては適切に対処するというメッセージを発信していくことで、いじめの予防・抑止をしっかりと行っていくことが重要だとわかります。

なお、いじめの内容と相談後のいじめの状況を比較すると、いじめの内容が異なっても相談後のいじめの状況の変化に違いはあまり見られません。つまり、いじめがどの段階にあっても、対応に乗りだすことには意味があるということです。いじめのエスカレートを止めるにあたって、大人の役割はとても大きい。だからこそ、いじめの実相やパターンを

図3-12　いじめの内容別相談先

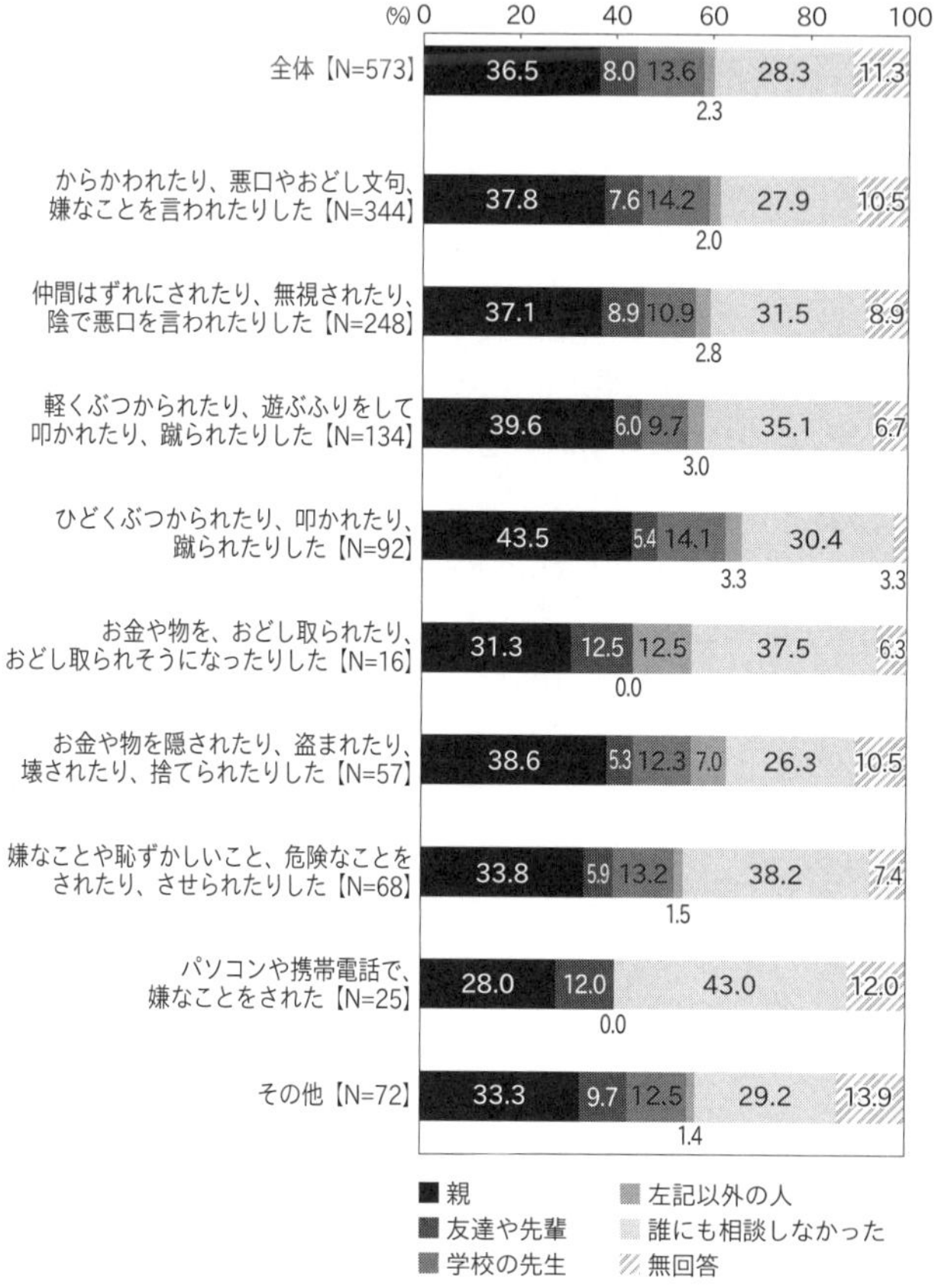

データで把握しておくことで、具体的な対策をシミュレートしていくことが不可欠なのです。

「いじめ予防授業＝道徳の授業」という認識でいいのか

いじめ予防を議論する際、しばしば「道徳の授業」「命の授業」「あいさつ運動」などの提案がなされます。特に２０１８年からは、道徳の授業が教科化することになりました。その大きなきっかけは、大津市のいじめ自殺事件でした。道徳を教科化することで、痛ましい事件が繰り返されないようにというのでしょう。

しかし、こうした議論を展開していた人は、まず間違いなく、大津市のいじめ事案について無理解であったと言えます。それはなぜか。

２０１１年に起きた大津市のいじめ自殺事件。それが起きた中学校は、文科省の「道徳教育実践推進事業」の指定校でした。この学校では、道徳教育の主な目標の一つとして、いじめのない学校づくりというものがうたわれていました。また、第三者によるいじめ報告書を読むと、いじめがエスカレートしたタイミングの一つが、道徳の授業の後であったことがわかります。そのため、報告書では、「いじめ防止教育（道徳教育）の限界」という節を設け、いじめ問題に取り組むためには、道徳の授業などに偏重することのない、総

図3-13　いじめ被害経験の有無と、被害を受けた際に相談したい相手のクロス集計

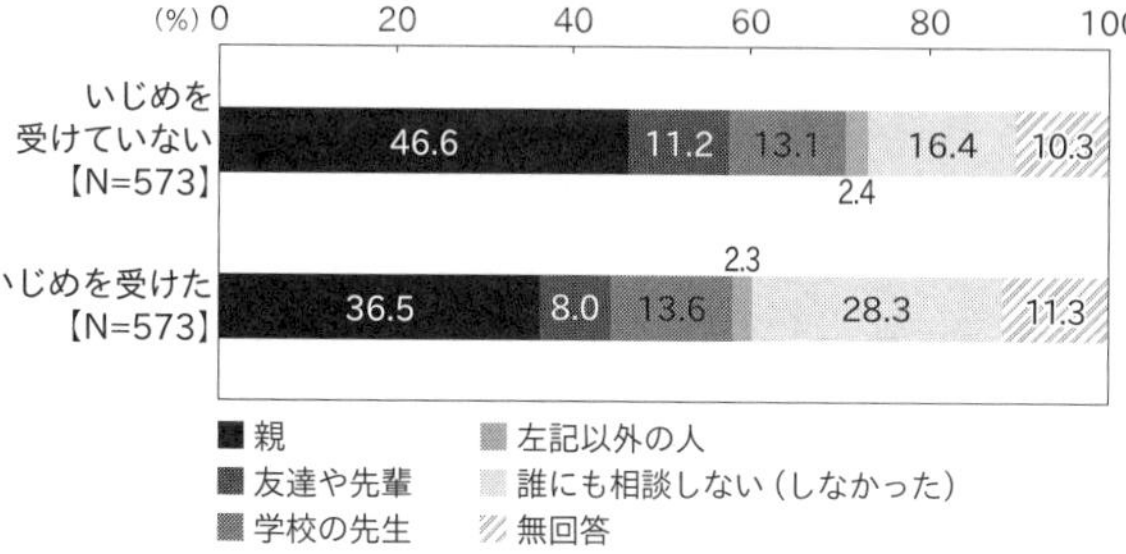

合的な環境是正が必要であるという提言までされているのです。

道徳教育のモデル校でいじめ自殺が発生した――。そんな事例を受けて、「いじめ対策のために、道徳を教科にしよう」と主張することは、どう考えてもおかしい。そもそも道徳教科化の推進論者は、その政策がいじめ対策に効くという論拠を示せていません。もともと道徳を教科化したいと考えていた人たちが、大津の事件を政治利用したにすぎないのです。

その授業の枠組みをどう使うか。それによっても効果は変わるでしょうが、教科が増えることで、教師の多忙感が増し、生徒と向き合う時間が減るのであれば、本末転倒です。道徳の教科化は、日本の教育論議の歪みを象徴するような出来事だと思います。

さて、大津市のデータの話にもどりましょう。大津市で行った調査では、実際にいじめを受けた経験と、これ

からいじめを受けた時に相談したいと考える相手を、クロスして集計しています（図3－13）。

その結果、前の学年の時にいじめを受けた人は、これからいじめを受けたとしても、「誰にも相談しない（しなかった）」と答える割合が高くなっていました。これは、既にいじめを受けた際に、誰にも助けてもらえなかった経験から、相談することに対する解決期待が下がってしまっているからである可能性が考えられます。

いじめに関する授業をするのであれば、「いじめをしないようにしましょう」「見て見ぬふりをしないようにしましょう」といった精神論ではなく、「具体的なSOSの発信法」と「相談体制の周知と解決への約束」が必要となるのです。

いじめを目撃した時の行動

次に、いじめを受けた経験の有無と、いじめを目撃した時に実際にとった行動をクロスしてみましょう。すると、いじめを受けた経験のある人のほうが、いじめを目撃した際に「何か一つでも良いことをした」割合が高くなっています（図3－14）。被害経験を通じて、いじめ被害に対する同情心が湧きやすくなるということです。

他方で、いじめの目撃経験の有無と、「どんな理由があっても、いじめは絶対にいけな

図3-14　いじめ被害経験の有無と、いじめを目撃した時に実際にとった行動のクロス集計

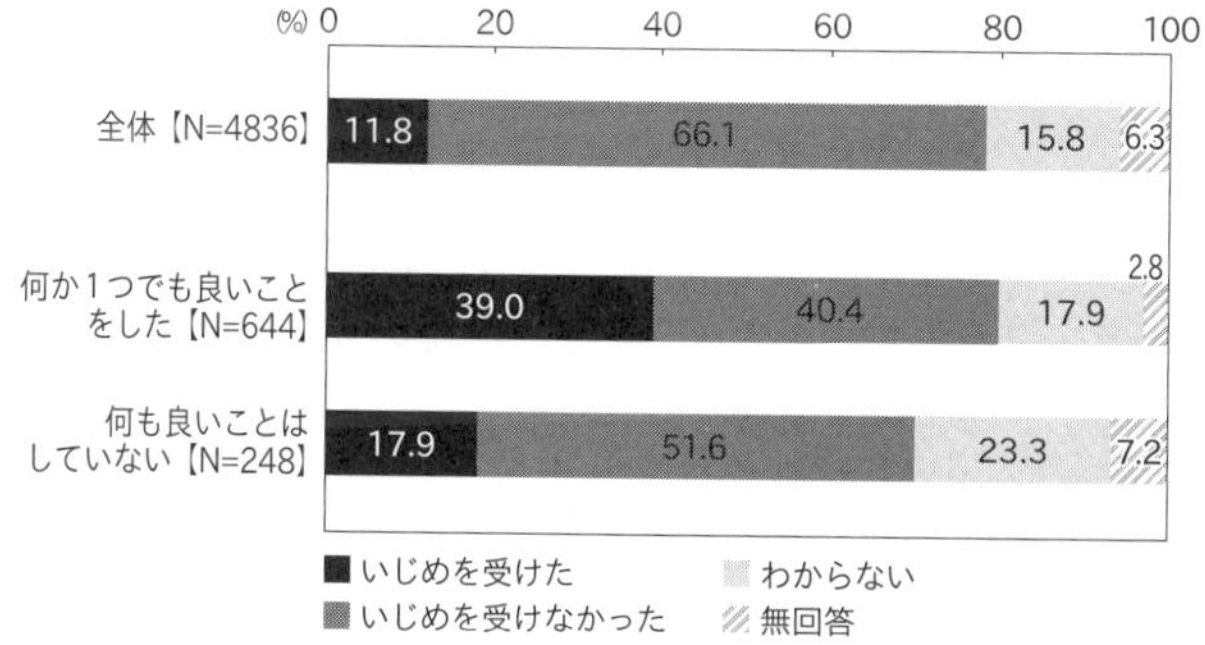

図3-15　目撃経験の有無と、「どんな理由があっても、いじめは絶対にいけないことだ」という認識の有無のクロス集計

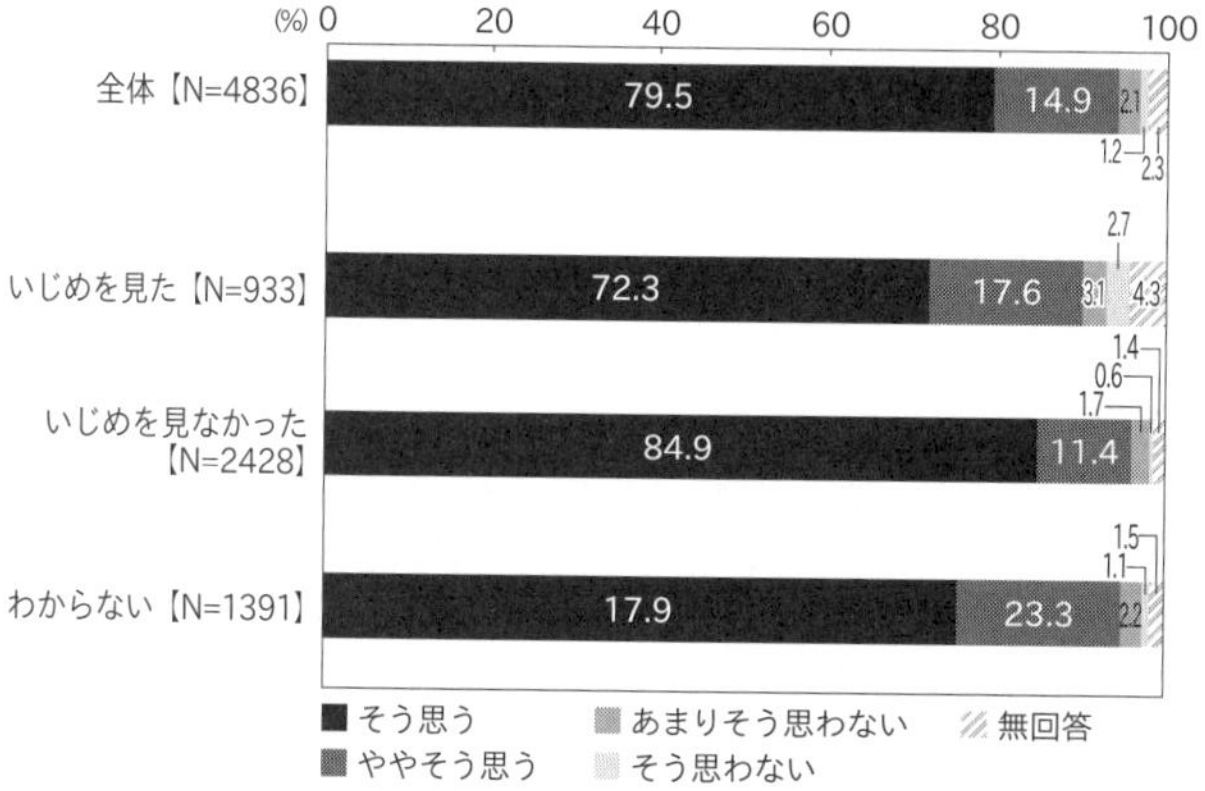

いことだ」という認識の有無とをクロスしてみると、いじめを目撃しなかった人のほうが、「そう思う」割合が高くなっています（図3－15）。いじめを実際に目撃することで、「（いじめは）しょうがないことだ」「いじめられるほうも悪い」と、誤った合理化を行ってしまっている可能性があります。

実際、いじめの目撃経験と、いじめに対して「いじめられる人にも原因がある」という認識とをクロスしてみると、いじめを見た人のほうが、「そう思う」割合が高くなっています（図3－16）。こうしたデータは、いじめについてどんな授業をすればいいのかという示唆を与えてくれます。

実際にいじめを目撃すると、被害経験のある人は同情心を示すが、逆に全体としてはいじめ行為を正当化する傾向が強まってしまう。また、いじめられた経験を実際に持つ人は、より大人への相談から遠ざかってしまう。そうであれば、授業では「いじめ被害にあったときの相談方法」の学習とあわせて、「いじめ被害を仮想的に体験する」機会を設けることが重要になることがわかります。漠然と「いじめは悪いことだ」と観念的に教えるのではなく、防災訓練や救命訓練のように、実際に体が動けるように練習してもらう必要があるということです。

道徳の授業の時間をいかに活用するかは手探りになるでしょう。その時間を活用して、

図3-16　目撃経験と、「いじめられる人にも原因がある」という認識の有無のクロス集計

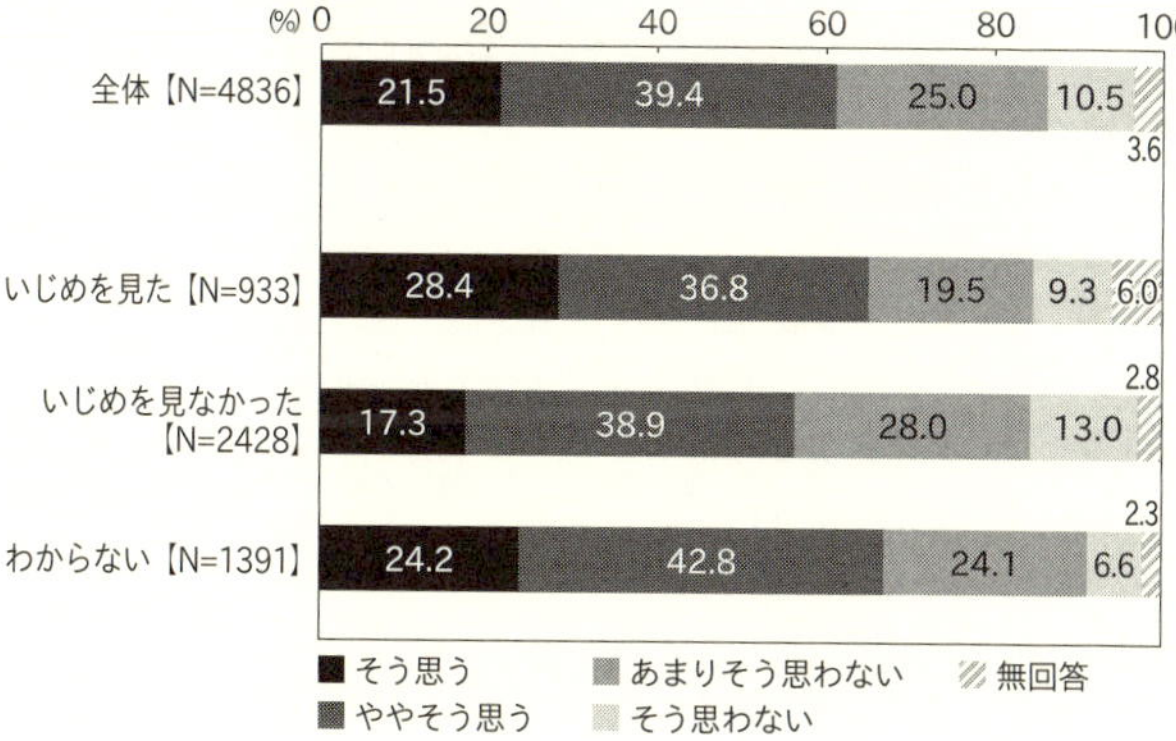

マイノリティなどの人権問題や、子どもたちが有する権利の話をするなどしてくれればいいのですが、とりあえずいじめに関する授業は必須項目とのこと。であれば、漫然とした「徳育」ではない具体的な実践、すなわち、生徒とともにいじめの起きにくい環境を作り上げ、被害を早期に防ぐためのノウハウを伝達することが期待されます。

ストレスといじめの関係

２０１７年の調査では、子どものストレス状況といじめの関係についても調べました。前の学年の時、ストレスを感じたりする時間帯があったかを尋ね、また、そのストレスに対してどのように対処したのかを尋ねたのです。この結果、６割近い子どもが、学校ストレスや家庭ス

図3-17　どの時間にストレスを感じたか

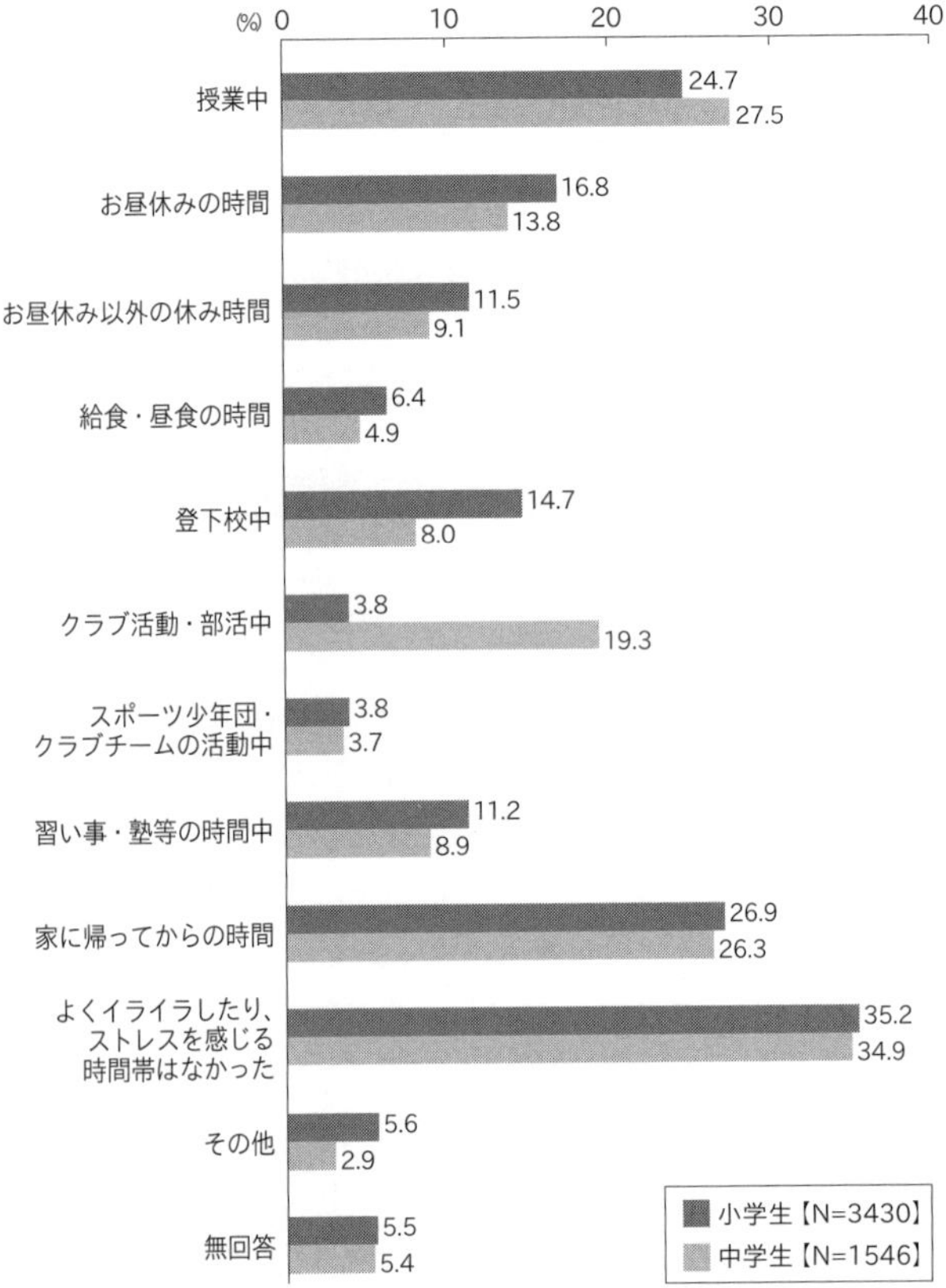

図3-18　ストレスにどのように対処したか

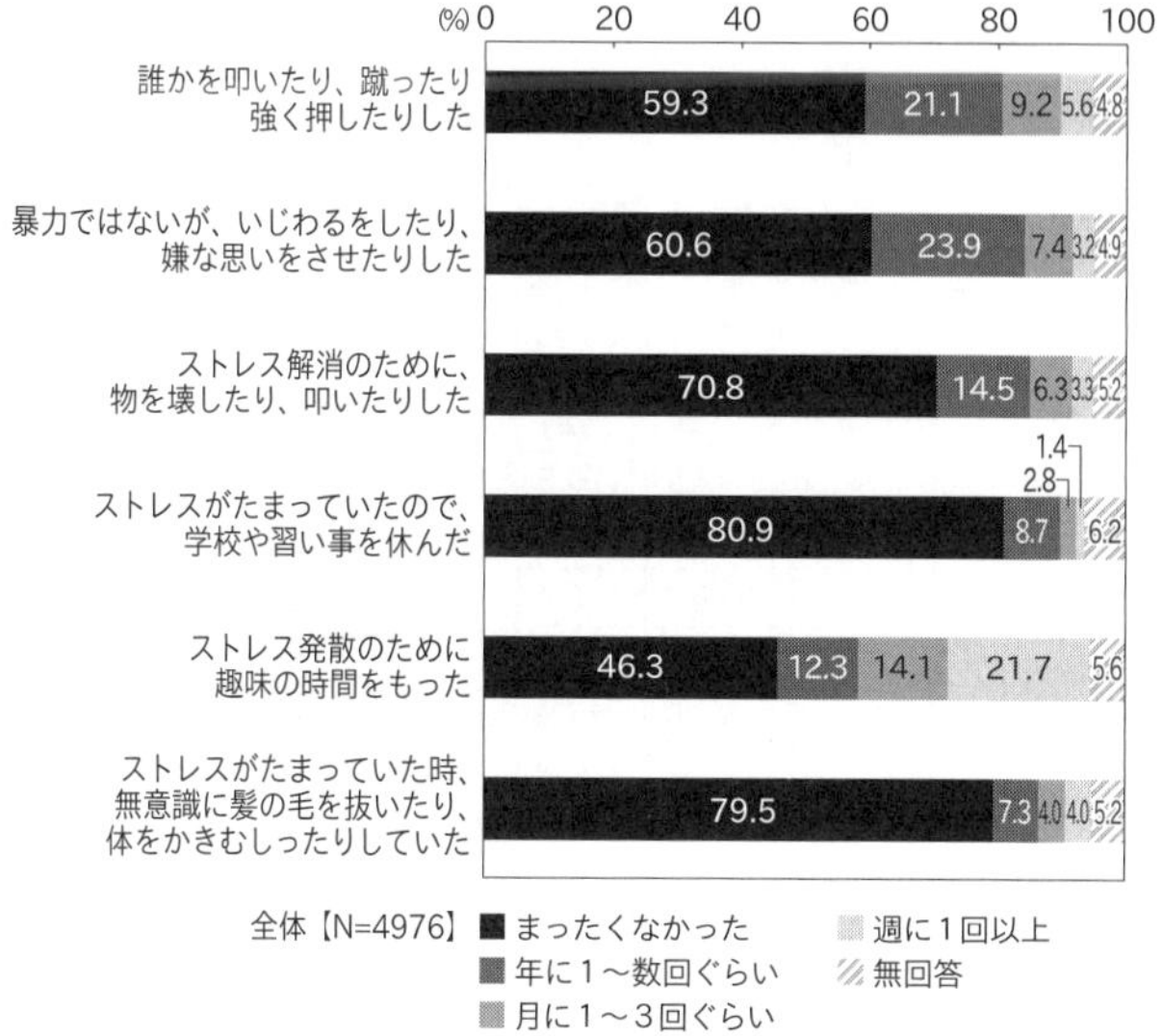

トレスに晒《さら》されていることがわかりました（図3－17）。中学校と小学校とを比較すると、中学校では部活動でのストレス体験が急激に増えている点が特徴的です。

このストレスは、どのような仕方で発散されているのでしょう。趣味の時間を持つことでマネジメントできている子どもが半数近くいる一方で、自覚的にコントロールできず、暴力や自傷に結びつけてしまう子どもが少なくありません（図3－18）。

ストレスを感じる時間帯と加害発散をクロス集計すると、加害発散の頻度が高い子どもは、全ての

最も多い　2番目に多い

給食・昼食の時間	登下校中	クラブ活動・部活動中	スポーツ少年団・クラブチームの活動中	習い事・塾等の時間	家に帰ってからの時間	よくイライラしたり、ストレスを感じる時間帯はなかった	その他	無回答
293	**626**	**427**	**187**	**521**	**1,330**	**1,749**	**237**	**270**
5.9	**12.6**	**8.6**	**3.8**	**10.5**	**26.7**	**35.1**	**4.8**	**5.4**
126	317	235	95	277	696	1,211	130	136
4.3	1.7	8.0	3.2	9.4	23.6	41.0	4.4	4.6
69	145	84	32	119	317	331	47	45
6.6	13.8	8.0	3.0	11.3	30.1	31.5	4.5	4.3
33	80	50	31	58	149	105	25	15
7.2	17.5	10.9	6.8	12.7	32.6	23.0	5.5	3.3
51	63	42	22	57	122	51	18	7
18.3	22.7	15.1	7.9	20.5	43.9	18.3	6.5	2.5

時間帯においてストレスを強く感じている傾向があることがわかります。逆に、加害発散が少ない子どもは、「ストレスを感じる時間帯はなかった」という回答の割合が高くなっています（図3－19）。

　こうした現状を踏まえ、子どものストレスケアを授業に取り込んでいく試みや、スクールカウンセラー、スクールソーシャルワーカーの配備などが各地で進められています。

　実際に大津市も事件以降、役所の中にいじめ対策推進室という専門チームを設け、様々なデータを踏まえながら行動計画を策定し、相談ダイヤルの充実、ゲストティーチャーに

図3-19　加害発散の頻度とストレスを感じる時間帯の関係

		合計	授業中	お昼休みの時間	お昼休み以外の休み時間
全　体	件数	**4,976**	**1,271**	**789**	**535**
	構成比（%）	**100.0**	**25.5**	**15.9**	**10.8**
まったくなかった	件数	**2,951**	649	392	272
	構成比（%）	**100.0**	22.0	13.3	9.2
年に1〜数回ぐらい	件数	**1,052**	297	164	111
	構成比（%）	**100.0**	28.2	15.6	10.6
月に1〜3回ぐらい	件数	**457**	162	115	69
	構成比（%）	**100.0**	35.4	25.2	15.1
週に1回以上	件数	**278**	123	91	68
	構成比（%）	**100.0**	44.2	32.7	24.5

よる講義、アクティブラーニングの実践、複数担任制の拡充、休み時間や下校時の見守り活動などを進めています。大津市のいじめ傾向は、第2章で触れたような全国傾向と大きく違いがあるわけではありません。このデータは、他の自治体が対策をを検討する際にも参考になるでしょう。

　他方で、大津市のように、自分の自治体の傾向を把握したうえで、具体的な行動策定や政策評価を行うことも不可欠です。こうした試みは、地域差が大きくあります。

　別の地域のある高校のケースをヒアリングしたことがあります。その学校は離島にあるため、多くの生徒がフェリーで登校していました。フェリーの時間は限られているため、学年を超えた多くの生徒が同じ時間に乗船することになります。このフェリーは、通学専用のフェリーというわけではないため、多くの大人たちも乗船していま す。そのため、フェリー内でいじめが生じた時には、周囲の大人が注意するように意識的に気をつけているということでした。

先に見た通りアメリカでは、小学生のスクールバスいじめが問題となってきました。このフェリーでも、大人たちが注意していなければ同じようにいじめが問題となっていた可能性が高い。重要なのは、環境に合わせて効果的な対策をとっていくということ。そして、その方針をしっかりと学校や地域で共有することなのです。

過疎地域などでは、生徒の数が少ないため、低学年から高学年まで、場合によっては中学生までが同じ教室で学ぶ「学年混合教室」になっています。その場合は、イギリスやカナダなどで実践されているピアサポート（同世代の仲間が助け合ったり、上級生が下級生への助言を行うなどして、子ども同士で支え合うこと）や異学年交流（年の離れた友達を作る機会を設けること）などが、結果としては自然に実現しているとも言えます。こうした場合にも、そうした特性に合った方針を定めていく必要があると言えるでしょう。

もちろん、こうしてデータを取ったり、様々な対策を講じたとしても、直ちにいじめを減らせるというわけではありません。大津市では調査開始以降、いじめ被害を受けたとする児童・生徒の割合は微減しているものの、重大事態に該当するようないじめも依然として起きています。しかしそれでも、当てずっぽうの議論をやめ、その学校や地域の特色に合った適切な対応とは何かを議論し続けることが大事なのです。

根拠に基づいたいじめ対策を、各地域で進めていく。まずは、あなたのお住いの地域でのいじめ対策がどうなっているか。その確認から、動き始めてみてはどうでしょうか。

第4章

「不機嫌な教室」と「ご機嫌な教室」

個人モデルから環境モデルへ

いじめには、「いじめが起きやすい教室」と「起きにくい教室」があります。ここまで、データを紹介しながら、いじめというのは、単に「いじめっ子／いじめられっ子」の二者関係によって生じるものではなく、また加害者の「心の問題」のみで生じるものでもない、ということをお話ししてきました。

日本のいじめ研究は、1980年代中頃から出発しました。最初こそ、被害者や加害者の性格原因論が多くありましたが、徐々にクラスや部活など、所属する集団の特性に着目する研究が多く出てきました。さらに、教師の指導法がクラスの雰囲気に与える影響や、集団に与えられているストレスの度合いなど、より広く環境面に着目する研究も増加しています。他方で、個人がいじめを行わないですむため、いじめから避難できるようにするための実践教育の開発など、様々な分野での研究が進んでいます。

個人論から集団論、そして環境論へ、すなわち、個人モデルではなく環境モデルの重視へと移ってきました。今ではいじめ対策を考える際には、個人の資質の問題だけではなく、環境要因が集団心理などにも大きな影響力を持つということに、しっかりと目を向けていく必要があります。環境を是正することによって、いじめの発生を抑えたり、早期の対処を促したりすることができるのです。

私はこうしたことをわかりやすく伝えるために、前にも述べた通り、教室には「不機嫌な教室」と「ご機嫌な教室」があるのだ、と言うようにしています。「不機嫌な教室」とは、ストレスが多く、人間関係がぎすぎすしていて、いじめが起きやすい教室のこと。一方、「ご機嫌な教室」とは、ストレスが少なく、みんながにこやかに安心して過ごせる教室のことです。それにはたまたま顔を合わせた生徒たちの相性や、先生との相性も関わってはいるのですが、それ以外にも、教室の運用方法など、様々な要因が関わっていると考えられています。

ストレッサー説

では、いじめが多い教室とは、どんな教室なのでしょうか。

いじめの議論の中で主要な理論の一つに「ストレッサー説」というものがあります。これは、児童・生徒が感じたストレスを発散する際、学校空間ではその発散の仕方が限られてしまっているがゆえに、非行や不登校、いじめといった逸脱行動が発生するのだという説です。これについては、第3章で見た大津市のストレスといじめの調査からも追認されます（ちなみに、国立教育政策研究所の調査では、特に「競争的価値観」「友人ストレッサー」

「不機嫌怒りストレス」といじめ加害の間に、強い相関があることが指摘されています）。

学校の教室というのは、他人に時間を管理されている環境なので、自分好みのストレス発散がなかなかできません。一方でいじめというのは、「それなりにおもしろいゲーム」なので、そういう形でストレスが発露してしまうのです。

しかしいじめは、「なによりもおもしろいゲーム」ではありません。もしもいじめが絶対的におもしろいものであるならば、どれだけ対策をしようともなくすのは不可能と言えるでしょう。しかし、いじめという形でストレスを発散していた人が別の発散方法を手に入れると、いじめをしなくてもすむようになることがわかっています。問題は、学校では「クラスから離脱する」ことも、「ゲームやスマホなどを持ち込み、ストレス発散する」ことも禁じられていることです。

日本軍人の手記や戦争体験記などを読むと、戦時下においては大人同士でもいじめが頻発していたことがわかります。固定化された組織の中で、ストレスの発散手段が非常に限られており、いじめという形で発散するしかなかったという点で、教室ストレスと似た側面があります。

いじめが起こりにくい環境にするためには、そうしたストレス要因を取り除くと同時に、より多くの児童が持つそれぞれの特性に対して寛容で、自由度の高い教室を作っていくことが重要なのです。

体罰の行われる教室ではいじめが多い

個別のデータを見てみると、どんな教室でいじめが発生するのかを調べた調査がいくつもあります。例えば、鈴木智之「学校における暴力の循環と『いじめ』」（社会労働研究、1998）などでは、体罰の多い教室はいじめが頻発することが指摘されています。

これにはいくつかの理由が挙げられると思います。一つは、先生が体罰を振るうことによって、生徒に対して、暴力や制裁にゴーサインを出してしまうこと。教師による体罰は、正義を口実にすれば、特定の生徒に対して暴力を行うことも許されるのだと生徒に学習させてしまう、すなわち「懲《こ》らしめの連鎖」を生んでしまうのです。

もう一つは、体罰自体が大きなストレッサーであることです。さらに言えば、体罰を行う教師は、体罰だけではなく普段から厳しい指導をする傾向があります。例えば、怒号を発する、厳しいノルマを課す、過剰な「生徒指導」をするなどです。そうした教師のもとでは、生徒は体罰のみならず、様々なストレスを受けていることになります。

クリスティーン・ポラスらによる「敬意の欠如は社員と顧客の喪失につながる『無礼』が利益を蝕む」（「ハーバード・ビジネス・レビュー」2013年12月）では、労働現場で行われる「無礼なふるまい」が、生産性を削《そ》ぐことが指摘されています。ほかにも、目撃ストレスの影響に関する様々なレポートが存在します。直接暴言を吐《は》かれた人の作業の処理能力、創造性、報告意欲、他人をサポートする意欲などが下がるのはもちろんのこと、他人が暴言を吐かれるのを目撃しただけの人にも同様のことが起きることがわかっているのです。

大人同士で行えば「無礼」だと思われる行為でも、子どもを相手にであれば平然と行う人は少なくありません。しかも、学校という場所では、「生徒指導」の名のもとに、そうしたことが行われてしまいます。「無礼」がはびこる「不機嫌な環境」で生産性が下がるのは、大人社会でも子ども社会でも同じです。

体罰教師のいる教室では、先生自ら生徒にストレスを与えることで、いじめが頻発化します。いじめが頻発化すると、ターゲットとなる児童・生徒が増えると同時に、特定のターゲットが長期間いじめられるケースも出てきます。頻度が上がると、第2章で述べた通り、いじめがエスカレートして、より深刻な内容になるのです。体罰はそもそも禁止されている行為ですが、ただそれを受けた児童・生徒の心の傷となるだけでなく、副次的にいじめなどの様々な問題を引き起こしてしまうことも、頭に入れておいていただきたいと思います。

また、直接的な暴力でなくても、心理的な加害の影響も軽視してはいけません。ここ数年、「指導死」という言葉を耳にすることが増えました。直接的に暴力を振るう体罰ではないのだけれども、理不尽で不適切な指導を行うことによって児童・生徒を自殺に追い込んでしまうような事件が相次いでいるのです。そうした問題を解決するために、「指導死親の会」という団体を立ち上げて啓蒙活動をしている方もいらっしゃいます。

理不尽な指導を受け、自殺をしてしまった生徒たちの手記を見ると、他の生徒たちの前で叱咤《しった》されたり、濡れ衣を着せられるなどして、大きな辱めを受けたことにより、「もうこの場にはいたくない」と感じていたことがわかります。そしてそれが「この世にいたくない」という気持ちに発展してしまうのです。

子どもにとって、「家」と「学校」というのは、居場所として非常に大きなシェアを占める場所です。学校に居場所がなくなると、社会的な接点がかなり制約されてしまいます。みんなの前で辱めを受けたり、つるし上げられたりすることによって、「みんなから嗤《わら》われる存在になってしまった」という自尊心の低下を招いてしまい、それが不登校、自殺につながってしまうわけです。

理不尽な指導は、それを受ける本人の気持ちだけでなく、周りの生徒へも影響をもたらします。「あの人また怒られている」というからかいのキッカケを与えたり、「あの子にならこういうことをしても許されるだろう」というラベリングを促したりすることで、いじめを助長してしまうのです。そうした指導のあり方を見直していかなくてはいけません。

教室の「不機嫌因子」を丁寧に除去することは、大人でなければできません。学校ストレスを考える、という点において、学校の先生の役割は、非常に大きいのです。

抑圧的な態度をとる教師のいる教室ではいじめが多い

教師の抑圧的な態度がいじめを助長する、というデータもあります。例えば先の鈴木論文では、服装や髪型指導を厳しくする教室とそうではない教室とを比べた場合、厳しい先生のもとで授業を受けた児童・生徒は、より頻繁《ひんぱん》にいじめを経験する傾向があると指摘されています。

服装や髪型を指導する先生というのは、同じく他の指導も厳しく行っているでしょう。荒れているから指導が厳しくなるのか、厳しいから荒れるのか。因果関係については、いずれの方向もありえますが、過剰なルールが様々なストレッサーになっていくことは容易に想像できます。

そもそも、学校への携帯電話の持ち込み禁止や、授業中に飲み物を飲んではいけない、といったようなルールは、なかなかに理不尽なものです。他にも、出歩きや漫画の持込みを禁止しているのも同様です。

こうした過剰なルールが存在するのは、何かトラブルがあった時に教師が対処しなくてはならないのが面倒だからなのでしょうが、そこまで先生が責任を持たなくてはならないのかという思いもあります。事故や盗難があったら、それは警察が対処すべき問題だと割り切ってしまえばいいのですが、日本には「学校で起きたトラブルは学校内で対処する」という習わしがあります。しかし、それが結果的に、教室空間における生徒のストレス発散を妨げているという現状は、今後議論されるべき問題だと感じています。

2012年、いじめ防止対策推進法が議論されようとしていた際、当時の文部科学副大臣が、警察OBや武道の先生など、「怖い先生」を各学校に配置しよう、という趣旨のことを就任時の会見で発言しました。文部についての科学的理解の乏しい人が、いじめ問題についてリーダーシップを発揮してしまうと、こうした「暴言」が吐かれがちです。

三島美砂ら「学級雰囲気に及ぼす教師の影響力」(教育心理学研究、2004)では、楽しい授業や相談の受け止め、わかりやすい授業や納得のできる叱り方が行われている教師のもとでは、いじめが少なく、学習意欲や満足度が高く、互いを認め合うクラスづくりが行われるという研究結果が出されており、一方で「怖い」「たくましい」先生を配置しても、クラスの規律づくりには影響がなく、また、言うことを聞かないと罰を与えるという教師の下では、むしろ生徒の反抗的な態度が促進されることが指摘されています。

大西彩子ら「児童・生徒の教師認知がいじめの加害傾向に及ぼす影響」（教育心理学研究、２００９）では、罰を与える＝不適切な権力を行使する教師のもとでは、いじめの加害が助長されると指摘されています。また、「怖い」先生は、いじめを否定する学校規範の醸成にはつながらないとも指摘しています。そのうえで、むしろ親近感があり、納得のできる指導をし、わかりやすい授業をするなどの教師のほうが、いじめを否定するクラスになり、さらにはいじめ加害をした際の罪悪感形成にも影響すると論じているのです。

その理由を大西らは、親近感のある先生との関係があることによって、いじめ加害をした際に、生徒が先生を裏切ってしまったと認識しやすくなる。他方で、不適切な権力を行使する教師のもとでは、そうした教師の行動が、強者が弱者を制裁するという「懲らしめ」を促すからであると分析しています。

「獅子は我が子を千尋《せんじん》の谷に落とす」ということわざがあり、まさにその言葉のマインドを実践するかのような教師もいます。しかしこのことわざの場面を思い浮かべてみると、谷に落とされて死んでしまった子ライオンもたくさんいるだろうな、とも思います。

学校の先生がそうした理不尽な指導をしてしまうのには、それが簡便であるだけでなく、それで成功した、という体験を得てしまうことがある点にも原因があります。しかし、学校の先生の成功体験には、じつはバイアスがかかっているということを認識しなくてはなりません。

文科省による不登校経験者の追跡調査を見ると、学校と当事者の間に、不登校の認識について大きなずれがあることがわかります。「いじめを含む友人関係」を理由に不登校になった、という当事者が5割ほどなのに対し、先生の認識としては十数パーセントに留まっているのです。教師から見ると、他の子は「普通に通えている」のに、それでも来られない児童がいると、その子本人に何か「特別な配慮」を必要とする要因があったのだと見えてしまいがちです。そうではなく、何か教室に不適応な児童がいた場合には、教室という環境そのものを見直すという発想を持つことが重要なのです。

中間集団全体主義とＩＰＳ秩序

いじめのメカニズムを理論化した内藤朝雄は『いじめの社会理論』（柏書房、２００１）の中で、教室や職場などの中間集団において、市民社会の論理とは異なる同調圧力の空気が全体化していくことを、「中間集団全体主義」と名付けました。そのうえで、クラスの同調圧力や相互監視の空気が個人の行動を操作し、そうした体験が個人の内面に影響を与え、それがさらに教室の空気を強化していく、このような循環＝連鎖が生まれていくことを、「ＩＰＳ秩序（Inter-intra Personal Spiral）」と名付けています。

いじめ加害によって誤った全能感を獲得したり、あるいはいじめ被害によって否定感を得る。その中間集団＝教室から逃げ出す、外の環境を知ることはなかなか叶わないため、今自分のいる、いじめが起きるような環境を疑うことが難しい。教室そのものは自明視して疑わず、環境の問題を心の問題へと当事者たちがすり替えていく。加害者が快楽や支配欲を満たしながら、「あいつは自分たちに従うべきだ」と信じていく。あるいは被害者が、「謝るから仲良くしてください」等と、理不尽な秩序にもかかわらず従っていこうとする構造が生まれ、それが閉鎖空間の中では「正義」だと誤認されていくのです。

私なりの言葉に置き換えれば、これは「不機嫌な教室」が、あたかも一つの怪物として、教師や子どもたちをコントロールしているようなものです。その教室の空気を疑わず、教師が「仲良くしなさい」と命じたり、子どもたちが「仲良くしなくちゃ」と思い込むことで、「教室を直そう」という議論ではなく、「誰かの心を治そう」という発想になってしまう。これは、あくまで「錯覚への適応」です。適切な市民社会であれば、ハラスメントが横行する職場などには配置換えや指導が行われるはずです。無理やり仲良くしなくてもよい権利を行使できるのが健全なのですから。

理不尽な指導ではなく、納得のできる指導を

残念ながら学校では、市民社会では許容されがたいような、様々な理不尽な指導が行われています。そうした理不尽な指導は、生徒にどのような影響を与えるのでしょうか。

秦政春「いじめ問題と教師：いじめ問題に関する調査研究（Ⅱ）」（日本教育社会学会大会発表要旨集録、１９９８）では、「連帯責任」という形で罰を受けたことがある児童のクラスでは、より多くいじめが発生している、ということが明らかにされています。連帯責任というのは、軍隊の論理と同じで、「一人がミスを犯したら全員の責任だ」とすることによって、相互監視を促す管理の仕方です。

しかし、相互監視を促すことは、特定の人物を「足を引っぱる存在」として可視化させることでもあり、その人に対するいらだちを覚えさせます。重ねて、「連帯責任」というような理不尽な行為を行う教師というのは、他のところでも理不尽な行為を行っていると考えられますので、その教師自身がストレッサーになっているということも大いにありうるでしょう。

「連帯責任」という謎の論理は、そもそも採用すべきでない指導法だと、強く言っておきたいと思います。

先の秦論文では、「担任の先生が話をよく聞いてくれる」と答えた児童がいる教室では、いじめが「よくある」と答えた児童の割合が低い、というデータも示されています。こうした結果になる理由として、先生が信頼されていて、なおかつ児童がコミュニケーションをとれる環境だと、先生がストレッサーになっていないこと、また、からかいなどいじめにつながる人間関係があったとしても先生が早期に介入しやすいこと、さらに、相談をしやすいことによって「いじめ」になる前の段階で問題が発覚し、それ以上エスカレートしないため、いじめと認識することが減ることなどが考えられます。

逆に、先生が「あまり話を聞いてくれない」「まったく聞いてくれない」と答えた教室では、いじめが多く発生しています。これも想像に難くないのですが、先生の態度、早期発見のための適切なアプローチをしてくれないことなどがいじめをより増大させているということがわかります。先生が話を聞かないと、早い段階で介入できるはずもないので、いじめが頻発化、長期化して、重篤になってしまいます。「先生が話を聞いてくれるかどうか」が、「不機嫌な教室」と「ご機嫌な教室」の分かれ目になる、ということがよくわかるデータです。

滝充『「いじめ」を育てる学級特性―学校がつくる子どものストレス―』(明治図書、1996)では、学級の雰囲気といじめの発生との間に、強い関係があることが指摘されて

おり、それは滝が関わっている教育政策研究所のレポートでも一貫して指摘されていま
す。

「ストレス感情の強い学級では、いじめ行為に関わる人数が多くなる」「排他性の少ない学級では、いじめに関わる人数が少なくなる」ことなどが明らかにされているのです。

いじめに対処するための学級規範を作ることは重要です。多くの研究が、いじめに関する集団意識が、いじめの発生に影響を及ぼすことを指摘しています。特に中学校では、教科ごとに担当教師が替わるため、担当教師ごとに、教室秩序が変わりうることになります。ですから、学級・学校の環境全体で、いじめ対策の機運を高める必要があるのです。しかしそれはここまでに見た通り、教師が抑圧的に振る舞ったり、ペナルティを与えたりするような方法で行っては逆効果になります。

高木修「いじめを規定する学級集団の特徴」（関西大学社会学部紀要、1986）では、生徒間が協力的、親和的、相互関心の高い学級では、いじめが少ないことが指摘されています。逆に、岡安孝弘ら「中学校におけるいじめ被害者および加害者の心理的ストレス」（教育心理学研究、2000）では、教師との関係が良好でないこと、学業に嫌悪感を抱いていることが、加害心理に影響していることが指摘されています。こうしたことを踏まえれば、「ご機嫌な教室」がどのようなものか、自ずとイメージできてくるのではないでしょ

うか。

警察庁のデータで、「いじめに関する非行の実態調査研究」というものがあります。この調査から、いわゆる一般的な「非行」で補導された児童と、いじめ関連の非行、例えばかつあげや暴行などで補導された児童を比べると、いじめ関連の児童のほうが、成績が低い傾向があることがわかっています。

成績が低いと、教室に対する疎外感が生まれ、それが教室のメンバーに対する発散という形につながっていくと考えられます。いじめに関連しない一般の非行だと、そもそも教室に通わないケースも多く、強い傾向としては現れないのですが、学校成績に対するストレスが他の人への発散につながっていくというのは、見過ごせない傾向です。

「成績は悪いけれども社交性は高い」というタイプの児童・生徒が、そのコミュニケーション能力を活かしてストレスを発散する場合に、「楽しいことをやろう」という方向ではなく、「人をからかおう」というほうに向かってしまう危険性が指摘されています。

こうした傾向があるため、子どもたちが抱えている疎外感、ストレッサーを解消していくためには、授業についてこられない児童・生徒への勉強面でのフォローアップをしていくと同時に、勉強が苦手な児童に対して厳しく当たらないこと、成績以外の面での評価をしっかりとして、承認を与えていくことが大切になってくるのです。

「不機嫌な教室」を「ご機嫌な教室」に

ここまで、「不機嫌な教室」を「ご機嫌な教室」に変える、ということをスローガンとして、どんな環境改善のアプローチが効果的なのか、ということについて、具体的根拠に基づいて議論してきました。

前出の滝充『「いじめ」を育てる学級特性』では、複数の学校でアンケート調査などを行った結果、「ストレス感情の強い学級では、いじめ行為に関わる人数が多くなる」「学級の結束が固い教室ではいじめ行為に関わる人数が少なくなるが、排他性が高い場合には、その結束がむしろいじめの原因になりうる」ことを指摘したうえで、「異質なものを異質なままで受け入れることができるような雰囲気」「暴力的欲求を解消する、あるいはコントロールする力を身につける手助けを行う」ことが望ましいとされています。

逆に、「学級や学校のまとまりを意識するあまり、同質的な志向を持つ集団を形成しようとしたり、教師の権威や集団主義的な秩序を強制しようとするとき、生徒はそれに反発を感じ、逆にストレスを高めていく」「押さえ込まれた苛立ちが不安定な学級を形成し、悪質ないじめを育てやすくする」という調査結果に基づき、こうした教室に対して警鐘を鳴らしています。

河村茂雄『データが語る①学校の課題』（図書文化社、２００７）では、ルールが適切に共有されつつ、「認められている」「居心地が良い」と感じられる教室では、いじめや不登校が減少すること、逆に、管理ばかりを強めた教室（管理型）も、あるいは自由度だけは高いがルールが定着していない教室（なれあい型）も、バランスが悪く、いずれもいじめが増加することが指摘されています。

そのうえで、「教師の指導が管理的・威圧的」「特定の子供のみが承認されている」「授業がわかりづらい」「授業に興味が持てない」「中傷や陰口が多い」「ルールや規範が確立されていない」「学級集団に親しみや帰属意識を感じられない」「毎日が単調で刺激が少ない」といった状況を改善するために、方針を共有したうえでの学級運営を行うことが効果的であると論じられています。

「べき論」を押しつけない

さて、ここまで紹介してきたデータなどから、「不機嫌な教室」を「ご機嫌な教室」にするためにはどのようにすればよいのか、かなりシンプルな結論が導き出されます。

わかりやすい授業をする

多様性に配慮する
自由度を尊重する
自尊心を与えていく
ルールを適切に共有していく
教師がストレッサーにならず、取り除く側になる
信頼を得られるようにコミュニケーションをしっかりとる

こうした態度をとることによって、教室ストレスを減らすことができる。改めて並べてみると、「なんだそんなことか」と思うかもしれません。しかし、理不尽な校則や指導が跋扈《ばっこ》していたり、先生が多忙で子ども一人一人の事情に配慮できない状況では、こうしたことができていない教室が少なくないのです。

また、教室ストレスの発散の場所を作ってあげることも大切です。例えば、学校以外の場として、電話相談の電話番号を教えてあげるなど、様々なオプションの案内を学校側が率先して行っていくことによって、学校に適応できない児童に対しても複数のオプションを用意できるような社会を作るということが、重要になってくるわけです。

森田洋司の調査で、同調圧力が強かったり、特定の道徳観のみを押しつけたりする教室

では、いじめが多く発生する、というデータがあります。道徳の教科化を進めた多くの人は、「道徳というのは、いじめないような気持ちを持つことだ」と考えているのだと思います。「だから、いじめないように教えればいじめは減るはずだ」と。しかしこれは、「いじめない子を育てたらいじめない子が育つ」と言っているようなもので、トートロジーとなってしまっています。こうした精神論による循環論法は、いじめ対策において効果を持ちません。

むしろ、道徳の授業で、「教室の中では、こう振る舞いましょう」という一定の「あるべき形」を押しつけることによって、その形から外れた人は叩いていいのだ、という考えを植えつけ、マイノリティや逸脱者を攻撃するマインドを作ってしまいます。また、道徳観を押しつけるあまりに、それ自体がストレッサーになってしまう、ということも多分に起こり得ます。「道徳」という言葉で一体何をイメージするのか。それによって、「道徳教科」の効果は大きく変わるのです。

では、道徳の授業時間では何を教えればいいのでしょうか。

例えば、他文化や障害、マイノリティへの理解など、異なる他者と共生していくための知識と振る舞いを学習する授業であれば効果があるでしょう。実際に、「多様性に寛容である」と児童が感じている教室では、いじめ被害の割合が減少する傾向にあります。

つまり、子どもたちがのびのびと、「自分たちの違いを認めてもらえている」と感じられる教室を作ることが大切だと言えるでしょう。しかし現状の「道徳」の授業は、このような内容と相反する部分があるように感じられるので、懸念しています。

いじめが教科化のきっかけだったこともあり、先にも述べた通り、道徳の授業では必ず「いじめ」を扱うこととなりました。それによって、先生の意識がいじめに向いていくことが予想されます。その意識の変化が、どのような結果につながっていくのか、今後もしっかりと検証していく必要があるでしょう。

ストレスを発散する「第三の場」

最後に、学校外の話もしておきましょう。子どもの主なストレス因として、「教室ストレス」と「家庭ストレス」が挙げられます。このうち、教室ストレスを縮減することが大切で、それは先生たちの役割ですが、家庭ストレスから救出することも同じく重要です。

子どもも大人も、家庭という「第一の場」、学校や職場という「第二の場」の往復が生活のメインになりがちです。だからこそ、家庭ストレスや学校ストレス・職場ストレスを発散する「第三の場」が重要となります。

第三の場というのは、家、学校以外の活動場所、大人であれば、家、職場以外の居場所ということになります。家では親と十分なコミュニケーションがとれない、十分に食事がとれない、貧困により生活が苦しいなどのストレスを抱える児童のために、地域で展開されている「子ども食堂」などがその例と言えます。「子ども食堂」は、栄養が不足しがちな貧困家庭の子どもに食事を提供するという意味合いだけではなく、様々な副次的メリットをもたらしています。子どもたちにとって「子ども食堂」は、地域とのつながりを持ち、さらに大人たちにしっかりと愛されるという行為を経験することによって、家庭ストレスや教室ストレスを解消する、第三の場としての役割を果たしているのです。他にも、学童や地域クラブ、大人も交えたサークル活動など、居心地のいい「第三の場」のあり方は様々です。

このような地域活動がそうした役割を果たすことも多いのですが、日本では地域活動よりも、どうしても学校で管理された部活動が中心になりがちです。そのため、「学校空間から解放されたい」という児童・生徒にとってはそれが苦痛になる場合もありますし、部活では学校と同じ先生が指導し続けるがゆえに、生徒が先生からの評価を気にしなくてはならず、逆にストレスを感じてしまうというケースもあります。「第三の場」の多様化を進めるためには、学校中心主義を問い直すこと、学校中心主義を生活中心主義へと変えていくことをベースに考えていく必要があると言えるでしょう。

第5章

理論で読み解くいじめの構造

解釈するために「言葉」を獲得する

この30年で進んだいじめに関する研究は、第2章で紹介した統計的な分析だけではありません。教育現場における観察・調査や、あるいは他分野の研究成果をいじめ分析に応用することなどにより、様々な社会理論が生まれ、いじめ問題を語る「言葉」が獲得されてきました。

言葉を手に入れるということは、分析し、対応する能力を養ううえで、非常に重要です。本章では、いじめに関する社会理論として主要なものを紹介します。これらを知ることで、いじめを解釈する力を身につけていただければと思います。

いじめの四層構造論

いじめに関する理論で最もメジャーなもの、それは、森田洋司の「いじめの四層構造論」でしょう。これは、いじめというものが、「いじめっ子（加害者）」と「いじめられっ子（被害者）」の二者関係によってのみ成立するのではなく、加害に間接的に関与する「観衆」と、それらの構造を温存する「傍観者」がいることによって成り立つものである、とする理論です（図5－1）。それぞれの定義は以下の通りです。

図5-1　いじめの四層構造論

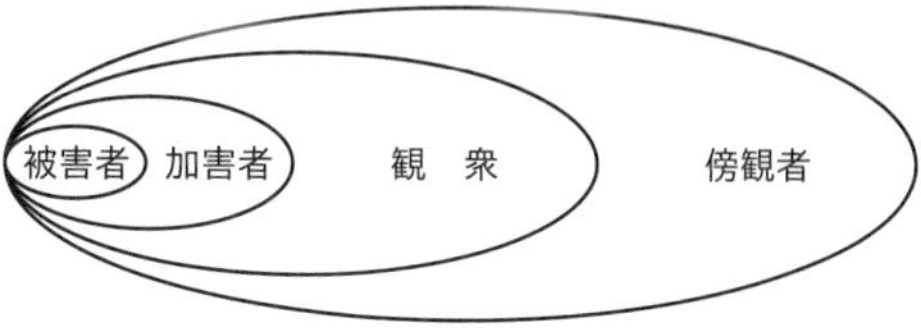

出典：森田洋司『いじめとは何か』(中公新書、2010)

被害者：いじめられている子ども。一人の場合が多い。
加害者：いじめている子ども。複数の場合が多い。以前、いじめられたことがあり、現在立場が逆転していることもある。
観　衆：はやし立てたり、面白がって見ている子ども。加害の中心の子どもに同調・追従し、いじめを助長する。
傍観者：見て見ぬふりをする。人がいじめられているのを無視することは、いじめに直接的に荷担することではないが、加害者側には暗黙の了解と解釈され、結果的にはいじめを促進する可能性がある。

こうした四層構造論に着目することによって、いじめが「悪い心を持ついじめっ子」によって生み出されるものではなく、周囲の人間関係にも影響を受けるものなのだということがわかります。

年齢が上がるごとに「傍観者」が増える

いじめの四層構造論をベースに行った国際比較を見てみましょう。例えばオランダやイギリスにおいては、年齢が上がるごとに、傍観者の出現率が頭打ちになり、中学生からはいじめを仲裁する者が増えてきます。一方、日本では他国に比べて仲裁者の出現率が下がり、傍観者の出現率が上がることがわかっています（図5－2、図5－3）。

こうしたデータは、この国際比較だけのものでなく、厚生労働省の調査でも、似たような傾向が確認されています（図5－4）。

このデータは、「いじめを見たときにどういった対応をしますか？」といった問いに対して、

・「やめろ！」と言って止めようとする
・先生に知らせる
・友達に相談する
・別に何もしない

図5-2　「傍観者」の出現率の学年別推移

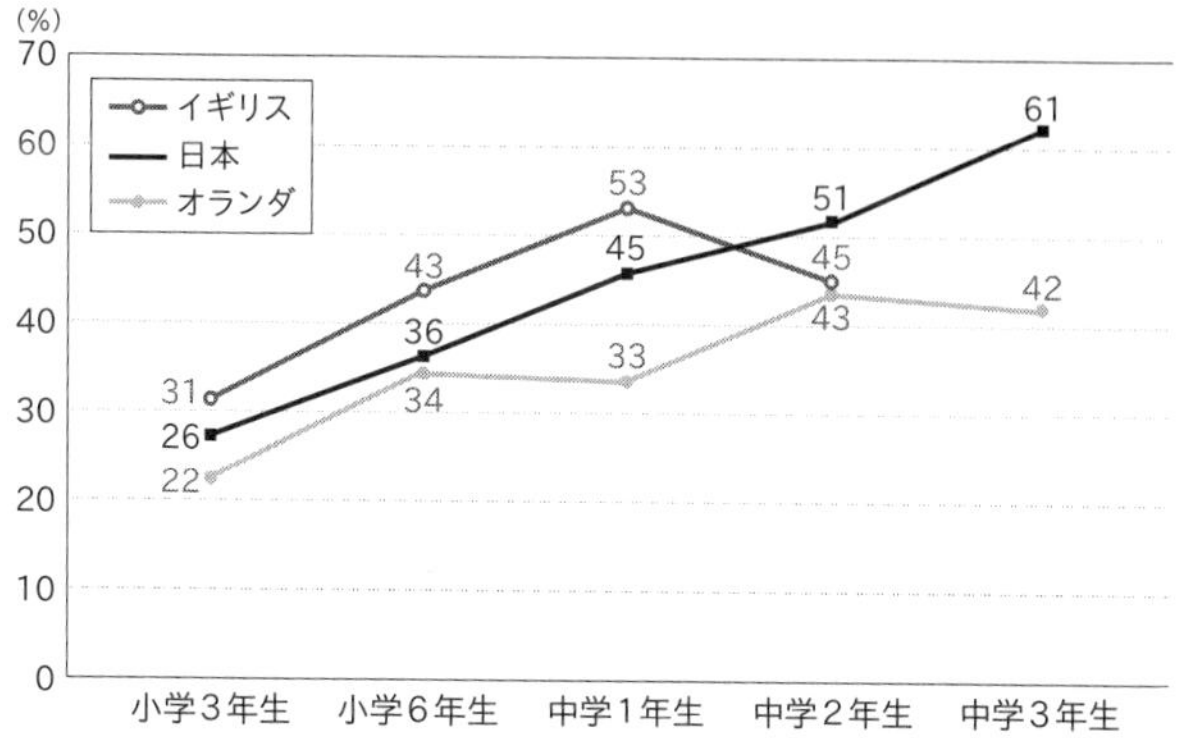

出典：国立教育政策研究所・文部科学省編『平成17年度　教育改革国際シンポジウム「子どもを問題行動に向かわせないために～いじめに関する追跡調査と国際比較を踏まえて～」報告書』

図5-3　「仲裁者」の出現率の学年別推移

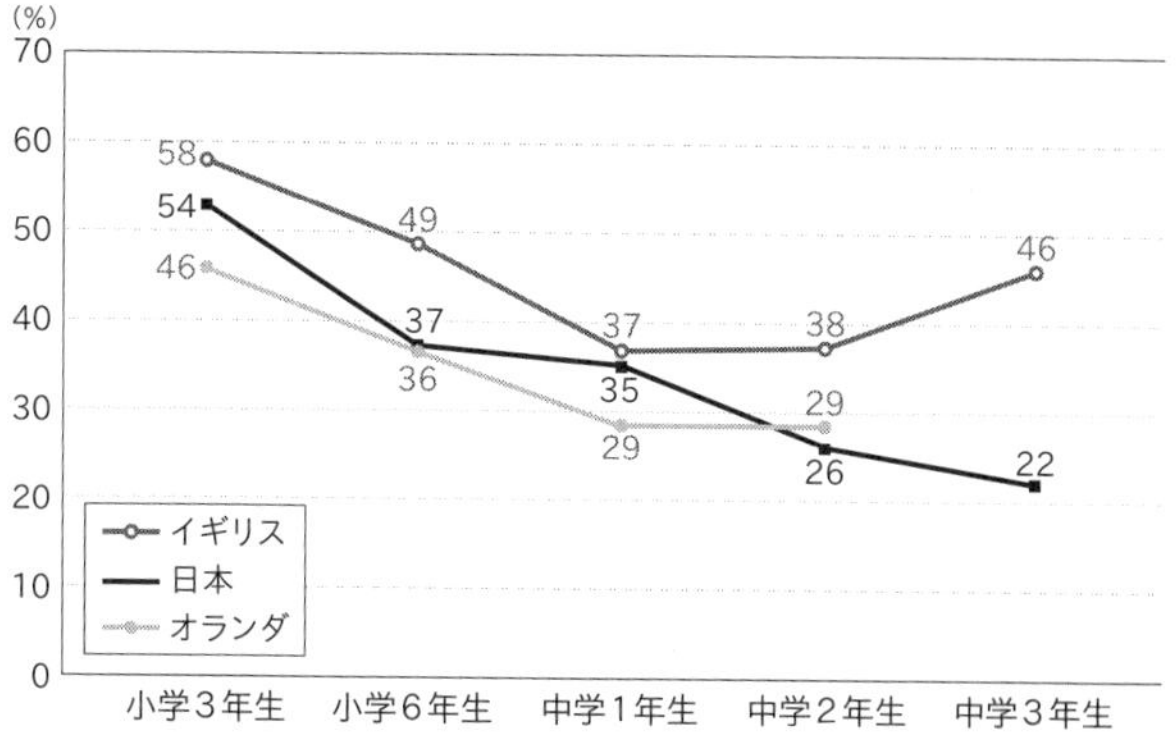

出典：国立教育政策研究所・文部科学省編『平成17年度　教育改革国際シンポジウム「子どもを問題行動に向かわせないために～いじめに関する追跡調査と国際比較を踏まえて～」報告書』

図5-4　平成21年：クラスの誰かが他の子をいじめているのを見た時の対応の構成割合

	(比較)平成16年	総数	男	女	小学5〜6年生	中学生	高校生等	就職・その他
総　数	100	100	100	100	100	100	100	—
「やめろ！」と言って止めようとする	18	16.9	21.6	11.6	24.1	13.4	15.1	—
先生に知らせる	21.4	25.7	26.1	25.3	39.7	25.1	14.8	—
友達に相談する	36.2	36.4	25.9	48.0	22.1	39.7	44.3	—
別に何もしない	24.4	21.0	26.3	15.1	14.1	21.8	25.8	—

注)「高校生等」とは、「高校生」「各種学校・専修学校・職業訓練校の生徒」の合計である。

出典：厚生労働省「平成21年度 全国家庭児童調査」

という回答の割合を調査したものです。

この、「『やめろ！』と言って止めようとする」というのが、いわゆる仲裁者で、「別に何もしない」が傍観者ということになります。

小学5〜6年生だと24・1%いた仲裁者が、中学生になると13・4%に減ります。一方、小学5〜6年生では14・1%だった傍観者が、中学生になると21・8%に増加することがわかります。

先ほどの研究と同じく、日本だと、年齢が上がるとともに仲裁者が減り、傍観者が増えるということが裏打ちできるでしょう。

仲裁者以外の役割

この「いじめの四層構造論」は、分析においては重要な概念です。ただし、ここで使われている言葉によって、ミスリードされやすい概念でもある点にも注意が必要です。

加害者、被害者の周囲にいる人間を「傍観者」と位置づけると、「傍観者ではなく仲裁者になりましょう」というメッセージにつながりがちです。しかし、必ずしもそういった結論につながるとは限りません。後に見ますが、傍観者の役割転換先は仲裁者に限られないからです。

また、実際にはいじめに気づいていない児童や、教師など大人たちの役割が存在するはずですが、そうした人たちはこの図の中には描かれていません。そのため、「いじめはクラスメイト内で解決しなければならない」かのような印象を与えてしまいます。しかしこれは、この理論の限界というわけではありません。この概念図が独り歩きすることで、誤解を招きやすいということです。

先ほどの厚生労働省のデータを見ていくと、「先生に知らせる」の割合が、小学5～6年生で39・7％、中学生で25・1％と減少しています。一方、「友達に相談する」割合は、小学5～6年生で22・1％、中学生で39・7％と増加していることがわかります。一般的な解釈だと、「年齢が上がるにつれて見て見ぬふりをするようになる」と指摘されることもありますが、そう単純に語ることはできません。「友達に相談する」の割合が増えるということは、決して見て見ぬふりをしているわけではなく、何かしら違った形で解決の糸口を求めているのだということがわかります。

いじめの被害光景を目撃する、というのは、それだけでその児童・生徒にとってショッキングな出来事であり、大きなストレスとなります。大人であっても、電車の中で暴力の現場を見てしまった、テレビで凄惨な映像が流れた、といったような暴力的な場面を目撃した際、人はとても傷つきます。これを目撃ストレスと呼んでみましょう。いじめの現場も同様です。周囲の児童・生徒も、いじめの現場で目撃ストレスを受けています。そのため、「なんとかしたい」とは思っているのですが、成長するにつれて、その受け皿が先生ではなくなっていっているのだと捉えることができます。

ですから、「別に何もしない」「友達に相談する」の割合を、「先生に知らせる」にシフトさせていくことが必要になってきます。そのために、先生に相談しやすい状況にしていくことが重要です。

また、海外に比べて「仲裁者の割合が減る」というデータについても、単に「日本人は知らぬ存ぜぬで通したがる」ということではありません。まず、日本のいじめはコミュニケーション操作系が中心です。特に中学生になると、その傾向がより顕著になります。そして、コミュニケーション操作系のいじめは、暴力系のいじめのように、その場で「やめろよ！」と言って止めることができるようなものではありません。年齢が上がるとともに「知らぬ存ぜぬで通したがる」人が増えていくというよりは、年齢が上がるとともに、仲裁することが難しいいじめが増えるため、「仲裁者」の割合が減ると考えるのが適切でしょう。

実際大人の社会においても、自身が仲裁者になる、ということはなかなかありません。大人社会ではイレギュラーなことが起こった際には、警察に通報する、駅員を呼びにいく、という形で、当事者の代わりに適切な人にSOSを伝えることが求められます。当事者が支援者と直接つながれない場合に、当事者の代わりに当事者を支援者につなげる、その役割を、ここでは「通報者」と呼びましょう。

つまり、自らが仲裁をするのではなく、通報することによって適切な介入を早期に促す役割が、非常に重要になってくるわけです。

これまで、いじめ対策においては、仲裁者の役割を重要視しすぎ、統計上の通報者の役割を軽視してきてしまいました。しかし、実際の市民社会においては、「痴漢が目の前にいたら助けましょう」「暴力を振るっている人がいたら止めましょう」ではなく、「目撃したら即座に駅員に知らせてください」「何かを見たら110番を」というアナウンスが行われています。いじめにおいても、「傍観者ではなく仲裁者になりましょう」といったメッセージを伝えるだけでなく、そうした通報者の役割が重要なんだ、ということを認識し、子どもたちにも伝えていく必要があるのです。

シェルター／スイッチャー

では、いじめ対策で「傍観者」だった人たちが役割転換をしていく際に、選択肢は「仲裁者」と「通報者」しかないのでしょうか。そうではありません。別の重要な役割として、「シェルター」と「スイッチャー」の二つを挙げておきましょう。

シェルターというのは、避難所・逃げ場という意味の言葉です。いじめの被害にあっている児童に対し、「自分はいじめに関わらない、あなたの友人である」といったことを相手に伝える人のことです。いじめ問題の解決はできないけれど、いじめによって受けたストレスを解消する、あるいはいじめを行う人ばかりではないと体感してもらう。文字通り、その子の避難先になる児童のことです。シェルター機能を果たすことによって、当事者の自尊感情や居場所の喪失感を緩和することができるわけです。

また、シェルターの人に通報者になってもらう、一緒に記録をとってもらうことで「証人」になってもらうということもできます。

もう一つのスイッチャーというのは、コミュニケーションの流れを転換（スイッチング）する人のことです。大人の社会だと、ストレスが起こりそうな場面において、その場の空気を壊さずにそれとなく話題をそらす人が出てきます。例えば職場で、ハラスメント行為が行われそうになった時や、親戚の集まりで、嫌な話題になりそうな時、「まあまあまあ」と話をそらしたり、あるいは「そうは言ってもあの人にもいいところがあってね」とフォローしたりすることで、空気が悪くなることを防ぐといった行為は日常的に行われているでしょう。

そうしたスイッチャーは子どもの世界にも有用で、誰かの悪口で盛り上がりそうになった時に別の話題に転換したり、悪口の対象になっている子のいいところをあえて言ったりすることによって、「いじめられキャラ」が固定される前に方向転換をする役割も、教室空間には存在します。スイッチャーは非常に高い社会的スキルが求められる役割なので、「スイッチャーになりましょう」と言ってできるものではありませんが、実際にいじめが未然に抑止されるケースにおいては、スイッチャーが上手に機能していると考えられます。

ほかにも、松島麻衣、宮本友弘の「いじめ場面における第三者の行動と理由の分析」（日本教育心理学会総会発表論文集、２０１２）という論文は、被害者を堂々と支える「加勢者」、被害者をこっそりと支える「支援者」というものを分けて定義しています。このように、いじめ対策において児童が果たす役割は、「仲裁者」以外にも様々なものがあります。ではあなたは、個別のいじめに対してどのような役割を担うことができるのか。そのことを、児童に具体的な選択肢を示しながら伝えていくことが重要です。

しかし改めて強調すると、子どもたちだけでの解決を前提にしてはいけません。久保田真功《まこと》「いじめへの対処行動の有効性に関する分析」（教育社会学研究、２００４）では、いじめ被害者などの行動を分析した結果、「いじめ被害者の対処行動はいじめ終結の契機にはなり得ても、いじめの早期解決に直接には結びつかない」「いじめの直接支持者の数が多い場合にいじめは長期化する傾向にある」ことが明らかにされています。つまり、ラベリングなどのいじめについては、被害者が対処しようとしても、その解決は周囲の対応に左右される。加害者は、被害者の訴えを無効化しようと試みがちであるため、教師や大人などが、クラス集団に対する適切な環境改善を行うことで、周囲の反応を改善していくことが必要となるのです。

他者への共感性を育む教育

いじめ抑止において重要な要素として、「共感性」と「適切な知識」の二つが挙げられます。

共感性というのは、自分が相対している人が、自分と同じように傷つくことのある人間であり、相手がどのように感じるかということに思いをはせる力のことです。子どもたちが、自分が同じような目にあったら嫌だと思うことを相手に味わわせるのはやめておこう、と考えられるようにしていくこと、そうした共感性を獲得させることによって、いじめを抑止することができると言われています。

逆に、他者への攻撃をする際に、人は他者を自分とは別の存在であると切断し、悪魔化することがあります。こうした考え方は、いじめだけでなく、紛争や、憎悪犯罪、人種差別などにおいても観察されるものです。この反対の感性が「共感性」だと言えるでしょう。

この共感性を育むうえでは、「道徳」や「優しさ」というものだけでは不十分です。「自分と異なる」とされている人たちに対する理解のためには、知識が必要だからです。そのような知識を具体的に得るために、各種の人権教育が求められています。

「違いを認め合いましょう」と呼びかけるのではなく、他者にはどんな特性があるのか、それはなぜなのかを理解し、納得したうえで、上手な付き合い方を周知していくことが重要なのです。

そのためには漠然とした道徳教育ではなく、個別具体的な他者に対する知識を伝えることが必要です。このあたりについては、第7章の「ハイリスク層へのサポート」でも触れていきたいと思います。

また、黒川雅幸ら「準拠集団規範がいじめ加害傾向に及ぼす影響」（福岡教育大学紀要、2009）では、いじめに否定的な準拠集団ではいじめが抑制されること、学校集団（クラス）よりも仲間集団（友達グループ）を準拠枠にしている者は、他のクラスメイトに気づかれない仕方で、加害行動を増加させることが指摘されています。

内藤朝雄との共著『いじめの直し方』（朝日新聞出版、2010）にも記したように、市民社会のルールよりも、教室や少数の仲間たちの間でしか通用しない「オキテ」がはびこる状況は、キャンセルされなければなりません。グループの外には教室があり、そしてその外には市民社会があり、社会で許されないことは教室でもグループでもアウトなのだという意識を育むこと。それとともに、ミスマッチなグループや教室から簡単に離脱し、他の選択肢をとりやすいような環境を作ることが必要になるでしょう。現在の日本社会では、教室以外、学校以外の居場所が、あまりに少なすぎるのです。

「良い／悪い」と「アウト／セーフ」

第2章の統計でもご紹介しましたが、いじめには「エスカレーション理論」があてはまります。いじめというのは、小さく生まれ、大きく育っていくものです。長期化すればするほど、いじめの規模や内容が悪化していくため、エスカレートする前に、適切なアプローチをしていく必要があります。

それでは、適切なアプローチとはどのようなものなのでしょうか。

学校の先生が、移動教室に向かう子どもたちと廊下ですれ違った、という場面を想像してみましょう。子どもたちが、一人の男の子の背中をつついたり、足を蹴とばしたりしながら、笑っているとします。その時、先生がとる行動として、次の3パターンを想定してみます。

①加害児童を呼び止めて「そんなことをしてはいけない」と注意をしたうえで、後で被害児童に事情を聞く

②笑いながら「ふざけないでさっさと移動しなさい」と声をかける

③何も言わずに目をそらす

こうした場面における先生のまなざし、対応はその後深刻ないじめに発展していくかど

うかに深く関わります。この中では、どれが適切な対応なのでしょうか。

よく、「いじめというのは善悪の区別がつかない子どもたちがするもの」と言われますが、実際には、ほとんどの子どもたちは「いじめは悪いものである」と認識しています。いじめは悪いものだと知っているからこそ、大人の目を盗んでいじめを行うわけです。本当に悪いものだと思っていないのであれば、先生の前で堂々と行うでしょう。

いじめを理解するためには、「善」「悪」の区別のほかに「アウト」「セーフ」の区別があることを知っておく必要があります。

いじめは「悪い」ものだけれども、ここまでは「セーフ」。

いじめは「悪い」ものだけれども、今は「セーフ」。

と、程度や他人の目線から、どこまでならやっても怒られないかを判断しているのです。

大人も、善悪とは別に、アウト／セーフの線引きを行いながら生きています。例えば、赤信号を渡ってはいけないことなど、大人ならたいてい知っています。でも、場合によっては赤信号を渡る。それは、「急いでいるから」「車が来てないから」「警察が見てないから」「みんな渡りだしたから」といったような理由で、セーフになるのです。逆に、「子や孫が見てるから」「パトカーが止まってるから」といった理由で、アウトと判断し、赤信号を渡ることを控えることもあるでしょう。

いじめにおけるアウト／セーフの線引きには、色々な要素が関わります。被害児童が刃向かったか。周りの生徒がノってこなかったか。こうした数々の線引きの中で、先生の対応は非常に大きな意味を持ってきます。

先生に見られた時に、先生が一緒に笑っていたり、何も注意をしなかったりすると、生徒は「ここまではセーフなんだ」と学習をしていきます。つまり、②③の先生は、いじめの許容範囲に対するサインを出してしまったことになります。子どもはそのサインを敏感に読み取り、次はもう少しやっても「セーフ」かもしれない、と少しずつ助長していきます。

大人の世界でも、軽微な不正が少しずつ深刻なものになっていく、というケースはよく見られます。未払いや不正労働、違法駐輪の常態化など、誰かが注意をする、ということがなければ、「悪いのはわかっているけれど、大丈夫だろう」とルールの線引きがゆるくなっていき、不適切な行為が合理化されていきます。

先生は、「セーフ」のゾーンを増やさない、どんなものでもいじめは「アウト」であることが伝わるような態度をとっていかなければならないのです。

こうしたことを踏まえると、「道徳の授業で善悪の区別を伝える」といった議論だけでなく、適切に早期発見・早期対応していくことによって、「いじめを行うのはアウトなのだ」と理解してもらうことが重要だとわかります。

久保田真功「なぜいじめはエスカレートするのか？　――いじめ加害者の利益に着目して」（教育社会学研究、2013）では、「子どもたちがクラスに対して否定的イメージを抱いている場合」「加害者が女性の場合よりも男性の場合」「〈異質〉な者を排除することを〈口実〉としたり、被害者を制裁することを〈口実〉とした快楽目的のいじめの場合」「加害者がいじめをすることによって得られる〈利益〉を実感するようになった場合」に、いじめはエスカレートしやすいことが指摘されています。

ここでいう「クラスへの否定的イメージ」とは、「仲の良い友達以外の人が困っていても、気にしない人が多い」「多少悪いことでも、おもしろければやってしまう人が多い」「クラスのみんなと調子を合わせないと嫌われると思っている人が多い」「先生にほめられるようなことをすると、いい子ぶっていると悪口を言う人が多い」「先生に隠れて悪いことをするのは、簡単だと思っている人が多い」といったようなイメージのことです。クラスの規範意識が低い、あるいはアウト／セーフの線引きがゆるい教室だと言えるでしょう。

また、いじめ加害によって得られる〈利益〉とは、楽しさ、全能感、連帯感といった感情のことです。そうした利益が得られない、加害を行うと、むしろ周囲から白い目で見られるだろうという予期や、他の余暇を行うことのほうが楽しいという体験を提供することも大事なのです。

「漂流理論」といじめ加害の「言い訳パターン」

非行社会学の分野に、「漂流理論」という概念があります。漂流理論というのは、アメリカの社会学者デイヴィッド・マッツァが、非行少年の分析をするなかで、彼らが属するコミュニティの態度を分析することで見出した理論です。

漂流理論では、人は完全に悪や善に染まるものではなく、常に不安定に善悪の価値観の間を漂流しているものだと考えます。しかし、自分が「悪」かもしれないと、善と悪の間で揺れ動く（＝漂流する）のは、認知的不協和が生まれ、たいへん居心地の悪い感覚です。ですので、それを解消するため、人は罪悪感を「中和」しようとする。そのための典型的なテクニックのことを、「中和の技術」と呼びます。

中和の技術は、5種類に分類されます。分類は以下の通りです。

「責任の回避」

「危害の否定」

「被害者の否定」
「非難者への非難」
「高度の忠誠への訴え」

この5分類の具体例をいじめ行為になぞらえてみましょう。「自分がやりだしたんじゃない」（責任の回避）、「これはいじめではなくふざけていただけだ」（危害の否定）、「この子が生意気だから懲らしめていただけだ」（被害者の否定）、「そんなことを注意される筋合いはないし、そもそもお前は人に注意できる立場か」（非難者への非難）、「クラスのノリを乱すのがいけないんだ」（高度の忠誠への訴え）。いかがでしょう。これらのフレーズは、いじめの場面において非常によく使われる「言い訳」です。

いじめについて語る際、よく聞かれるのが、「加害者だけが悪いのか、被害者にも原因があるのではないか」という言葉です。しかし、被害者に何かしらの要因があるということと、それを「いじめ」という行為で発散することの是否というのは、分けて考えなければなりません。この区別がしっかりできていないために、加害行為を肯定しかねないような言い方、被害を矮小化《わいしょう》しかねないような言い方で、「被害者も悪かった」と言われることがあるのです。

いじめや暴力、あるいは差別や侮蔑という態度をとった時点で、その行為を選択した加

図5-5　いじめた理由（全体）

		人数及び%	順位
いじめなければ自分がいじめられるから	「責任の回避」	32 (17.9)	5
暴力をふるうわけではないし、たいしたことないと思ったから	「危害の否定」	34 (18.9)	4
遊びやふざけだと思っていたから	「危害の否定」	74 (40.9)	2
相手に悪いところがあるから	「被害者の否定」	114 (62.0)	1
だれだって、いじめをしてるから	「非難者への非難」	31 (17.1)	6
友達から、いじめをするようにさそわれたから	「高度の忠誠への訴え」	25 (14.0)	8
みんなで、いじめをしようと決めたから	「高度の忠誠への訴え」	17 (9.5)	10
おもしろいから	「快楽的動機」	30 (16.6)	7
気分がスカッとするから	「快楽的動機」	25 (13.8)	9
なんとなくいじめたくなるから	「不明確な動機」	42 (22.8)	3

※「とてもあてはまる」と回答した者と、「ややあてはまる」と回答した者とを合計した人数及び（%）。

害者は100パーセント「悪い」のです。もともとミスマッチなコミュニケーションであったり、教育的な介入が被害者に必要であったりすることもあるでしょう。しかしながらそれは、加害行為を肯定することにはなりません。

久保田真功「いじめを正当化する子どもたち」（子ども社会研究、2003）では、小学校高学年の児童を対象に、実際にいじめ加害が行われた際、どのような理由付けが行われがちなのかを、「中和の技術」の分類に沿って調査しています（図5－

5)。その調査から、実際に「被害者の否定」「危害の否定」などの理由が上位にあることがわかっています。

こうした「中和の技術」のバリエーションを知っておくことで、言い訳を見抜くことができ、また、仮にその言い訳に真実が含まれていたとしても、「もしそうだったとして、その行為（悪口を言う、殴るなど）をしたことは適切だと思う？」と問うことで、加害行為に介入することができます。

大人は子どもたちの「中和」を見抜き、適切に介入をしていかなければなりません。早期介入をした際に、加害行為を適切にキャンセルするためには、いじめの構造を読み解き、相手に説明するための知識が有用になるのです。

マウンティングとラベリング

もう一つ、覚えておきたい概念として、「マウンティング」と「ラベリング」というものがあります。これも子どもたちの間だけでなく、大人社会にもよく見られる行為です。

マウンティングというのは、もともと動物の行動において使われる言葉です。たわむれながら相手の上にまたがるなどすることで、動物同士が些細なコミュニケーションの中で、どちらが強いのかを日常的に確認し合う行為を指します。

動物は実際の行為として「自分のほうが上」ということを示しますが、人間社会におけるマウンティングは、例えば、「仕事が忙しくて眠れない」と自慢し合ったり、アドバイスに見せかけたダメ出しをしたりなど、コミュニケーションベースで行われます。人間関係上どちらが優位なのかを探り合いながら、立場の安定性を確保していくのが目的なのでしょう。

このようなマウンティング行為を経て、下位に位置づけられた人がいじりの対象になり、そのいじりがエスカレートしていくといじめになると考えられています。であるならば、日常の些細なコミュニケーションの中から、どのようなマウンティングが児童・生徒の間で展開しているのかを観察していくことが、いじめを防止するためには非常に重要になっていきます。

ラベリングというのは、エスカレーションやマウンティングという概念と結びつく概念です。「この人はいじめられていい存在である」「この人は他の人よりも劣っている」というラベルを貼る行為のことを指します。

いじめを防止するために注意をしなくてはならないのは、以下の3点です。

1　子どもたちの間で、マウンティングが進み、ネガティブなラベリングが行われていな

いか

2　先生が率先してラベリングを行っていないか

3　社会に広がるラベリングを、教室空間に持ち込んでいないか

　1には、名前の最後に「菌」をつけて呼ぶ、体の特徴に関するあだ名をつけて笑う、などといったような例が該当します。

　2は、クラスの児童・生徒たちが特定の人をいじるノリに乗っかることが、「理解ある先生」だと誤解した教師が、太っているとバカにされている児童・生徒に対し「○○は今日もよく食べるな！」といじって笑いをとる、といったような形で行われる傾向がありま す。こうして、先生が自ら生徒をいじることで、今ある子どもたちの間のラベリングを強化したり、新たなラベルを与えたりしてしまうことがあるので注意が必要です。

　3は、社会における性的少数者や生活保護受給者などに対する差別意識が、そのまま教室空間で再生産されてしまうパターンです。児童が、メディアや大人同士の会話から、差別意識を学習してしまうわけです。これを防止するためには、誤った知識が流布しがちなテーマについて、授業などで取り上げ、今世の中にある差別を説明したうえで、その差別にどう向き合うべきか、ということを伝えていくことが必要になります。

私はお笑いが好きですが、しかしテレビに映るお笑い芸人たちのコミュニケーションなどの中には、差別やハラスメントを再生産するものが多くあります。顔をいじる、趣味をいじる、性的嗜好《しこう》をいじる、ドッキリにかける、叩いたり脱がしたりする、物を荒らす、罰ゲームを行う、などがそうです。

児童がこうした行為を模倣することはしばしばですが、教師も安易にメディアの発言をコピーしてしまうことがあります。それでは、いじめを助長することになってしまう。教師はむしろ、メディアが作るラベルを剝《は》がす役割を、積極的に果たす必要があります。

ラベリングは、各家庭で親から子に様々な形で受けつがれている可能性があり、その児童がさらにそのラベルを広げていくことがあります。だからこそ、親以外の身近な大人であり、公教育という形で子どもが最初に触れる科学者でもある教師には、間違った知識やラベリングの拡大を抑止する立場であることを理解してほしいと思います。

いじめ後遺症

精神科医の滝沢龍氏がイギリスで行った調査によると、若い頃にいじめ被害を受けた人は、そうでない人に比べ、不安障害やうつ病になる確率や、自殺率などが高いということがわかりました。これを「いじめ後遺症」と呼んでいます（"Adult Health Outcomes of

Childhood Bullying Victimization: Evidence From a Five-Decade Longitudinal British Birth Cohort"（AJP,2014） written by Ryu Takizawa,M.D.,Ph.D. ,Barbara Maughan,Ph.D. & Louise Arseneault,Ph.D.）。

いじめが後遺症をもたらすことを示す論文は多く書かれており、例えば、「いじめを受けた時の自覚症状と対処行動に関する研究」（中桐、岡本、澤田、吉備国際大学保健科学部紀要、２００８）という論文では、いじめられた人の症状として、腹痛、けだるさ、意欲の低下、集中力の低下、教室で騒ぐ等の授業妨害、薬物などへの依存など、その他ストレスによる様々な症状が出ることがわかっています。ほかにも、自己効力感、自尊心、対人信頼の低下など、様々な影響が指摘されています。

これは、いじめを受けた人が、長期的に自尊感情を傷つけられたり、内面的な精神疾患のリスクを増大させられたりするからであることが、統計上明らかにされています。いじめ被害はいじめを受けた人の人生に、非常に大きな影を落とすのです。

松永正樹「女性いじめ被害者の性的リスク」（日本コミュニケーション研究、２０１４）では、過去にいじめを受けたことがある女性は、性的リスクの高い行動（より多くの性的関係を持ち、性感染症対策や避妊を行わない、不慮のタイミングで性行為に至るなど）をとる傾向があるという先行研究をもとに、いじめによって受けた精神的苦痛を紛らせる逃避・適応行動として性的関係を求める傾向、あるいは自己効力感などが低いことから、高リスクの性行動を断りにくいといった傾向を指摘しています。またこの論文では、いじめ被害そのものよりも、「いじめに対するサポートを得られなかったこと」のほうが、リスクを高めるとも指摘されています。これも非常に重要な指摘であると言えるでしょう。

いじめは不登校リスクをも増大させます。不登校になれば当然、学歴の空白が生まれますし、そのことによって就業機会を逃せば、生涯所得にまで影響を及ぼします。また、いじめが原因の精神疾患などにより就業困難となったり、疾病《しっぺい》が発症したりすれば、社会福祉や医療費が必要になるケースもあるでしょう。つまり、いじめ被害を放置することは、個人の損失はもちろんのこと、行政・社会全体の損失となりうるのです。

このように考えると、いじめ対策のためにしかるべき予算を割《さ》くことは、長期的な目で見れば、理にかなっていることがわかります。こうした視点を持つことも、いじめ対策を進めていくうえでは非常に重要なことです。

「被害モード」から「解決モード」に

第1章でも述べた通り、いじめ対策には、「予防→早期発見→早期対応→検証」というサイクルが有効です。いじめを減らすためには、まず、発生自体を予防する環境（＝「ご機嫌な教室」）を作らなければなりません。

「ご機嫌な教室」を作るためには何をすればよいのでしょうか。ここまで見た通り、教師が児童・生徒に対し、いじめ対策にしっかり取り組むということを日常的にアナウンスする、生徒と信頼関係を築き、子どもたちのストレッサーを取り除く、ラベルの除去を丁寧にしていく、など、いじめを予防するためにできることはたくさんあります。

もちろん、そうした予防策を行っても、全てのいじめを予防することができるとは限りません。なので予防の次に、予防しきれなかったいじめを早期発見する必要が出てきます。

繰り返し述べてきたように、いじめはエスカレートするものです。エスカレートした結果、いじめは自殺や不登校に至るような、重大事態にまで育ってしまいます。そうならないために、早期に発見し、対応していくことが必要です。

早期発見することとは、発生件数を減らすことにはつながりにくいかもしれません。しかし、早期発見することによって、被害が重篤化したり、別の被害者が再生産されたりすることを防ぐことができます。

早期発見のためには、子どもたちが通報しやすいような環境を作ること、教師をはじめとする大人が、子どもたちの小さなサインを見逃さないことが重要です。学校によっては、教師のメールアドレスを生徒に伝え、気になることがあったら通報するように周知する、といったことも行われていますし、そこまでせずとも、行政をはじめとする外部の相談機関を紹介するなど、学校の外へのチャンネルを用意することも、発見につながる大切な取り組みです。

そうして発見をした際には、早期対応をすることが重要です。対応することで重篤化を防ぐ、という効果があるのはこれまで述べてきた通りですが、さらに、いじめられている児童・生徒の精神面に、大きな安心感を与えることにもなるからです。

具体的ないじめの証拠を得るまでに多少時間を要するとしても、「先生と一緒に、証拠集めをしよう」という段階にさえなれば、子どもは「被害モード」から「解決モード」に気持ちを切り替えることができます。

いじめがなくなってはいなくても、「これから解決するために証拠を集めている」と思えるだけで、子どもの自尊心が受ける傷の程度は大きく変わってきます。いじめを受けている段階では、それがどれだけ不当なものであったとしても、子どもは「もしかしたら自分が悪いのかもしれない」という自己否定の感情をぬぐえません。しかし、教師など身近な大人が味方になり、「解決モード」に導くことによって、そうした自己否定感情が育たないようにすることができるという効果が早期対応にはあるのです。

ヒアリングのメソッド化

さて、早期対応をするために、現在は「ヒアリングのメソッド化」が進んでいます。その一つに、私が代表を務める「ストップ！いじめナビ」で作成している「あしたニコニコメモ」というフォーマットがあります。

日本のいじめはコミュニケーション操作系が主なので、証拠をあげるためには、いつ、誰から、どんな被害を受けたのか、そのとき誰が目撃していたか、という情報を記録し続けていくことが重要になります。ですので、いじめナビでは、そういった記録をつけるためのフォーマットとして「あしたニコニコメモ」を作成しました。

証拠というと、物理的なもの、あるいは第三者の証言などを想定しがちですが、自分でつけた記録というものも、法的に十分な証拠となります。そのことを子どもたちにも知らせておくことによって、通報や相談へのハードルを下げることができるのです。

メモには、先ほど挙げた客観的な情報以外に、加害行為を受けたことによってどんな気持ちになったのか（「つらい」「学校に行きたくない」など）を記入しておくことも重要です。

子どもに限らず、大人でも、被害を受けている時には声を上げるという発想が持てなくなることが少なくありません。被害を受ける状況に慣れてしまい、外側に助けを求めることができなくなってしまうのです。そして、子どもはそうした傾向がより強くあります。なので、どんな気持ちになったのかを記入しておく必要があるのです。

もちろん、子どもに対してメモを取ることを日頃からサジェスチョンするだけでなく、子どもから相談を受けた大人が、子どもの代わりに記録をつけておくことも忘れないでください。

さて、早期対応については、現在は法律に基づき、「複数人の教職員によって」対応しなければならない、とされています。いじめが発見された場合、学校は、教職員だけでなくスクールカウンセラーや地域の人たちを含めたいじめ対策チーム（22条委員会）を常設しなければなりません。対策チームは、情報共有、児童・生徒へのヒアリング、必要に応じてアンケートなどを行い、また、加害者たちが特定されているケースでは、それぞれの加害者に対して個別に、かつ同時に、別々の教室でヒアリングをし、矛盾があれば再度ヒアリングをすることによって、いじめの実相を浮き彫りにしていきます。加害者同士に口裏合わせをさせずに情報を引き出し、被害生徒に確認しながら進めていくことで、被害生徒に対して、「先生たちが取り組んでくれている」と認識させ、信頼関係を得ていくという形になっています。

加害者を指導する際に重要なのは、いじめをしたことを責めるだけではなく、子どもとの信頼関係を再構築するための指導をしていくことです。いじめ以外にもおもしろいことがあるにもかかわらず、なぜいじめという行為に出てしまったのか、君にはいいところがあり、それをみんなも知っているのに、なぜいじめという行為で人を貶《おとし》める必要があったのか、という問い方をすることで、その加害児童の長所を伝え、存在そのものを受け入れつつ、悪かったところだけ一緒に是正していこうとする、バランスのとれた対応が大切です。

こうした対応をしていくと同時に、実態把握のための調査をしたり、その後どうなったのかという調査・検証を行っていく必要があるわけです。そして、こうして検証を行うためにアンケートを取ったり、頻繁にヒアリングをしたり、加害児童に対して、気にかけていることを伝えるサインを出していくことが、もしかしたら次に起きたかもしれないいじめを抑止することになっていきます。つまり、発見、対応、検証していくことによって、それ自体が予防につながる、という形で、サイクルになっているのです。

現在は、各学校、あるいは自治体ごとに、いじめの行動計画を作ることが法律で義務づけられています。各学校はそれに則り、年間計画表を立てたり、いじめ強化月間を設けたりしています。その際、このサイクルを意識したうえで、根拠に基づいたいじめ対策を行っていってほしいと思います。

第6章

「ブラック校則」調査から見えたこと

ブラック校則をなくそう！プロジェクト

２０１８年、有志たちと「ブラック校則をなくそう！プロジェクト」というプロジェクトを立ち上げました。これは、髪の毛が生まれつき茶色いにもかかわらず、教員から黒染めをするよう強要され、精神的苦痛を受けて不登校になったとして、大阪府の女子高校生が裁判を起こしたという報道がきっかけでした。現代の学校で様々な仕方で行われている子どもの人権を侵害するような問題校則や不適切・理不尽な指導を是正していこうとする試みです。

その活動の一環で、村上財団の助成を受け、全国的なアンケート調査を行いました。そして、その内容を、「校則問題（いわゆるブラック校則）および不適切指導に関する調査結果」（以下、ＢＫ調査）としてまとめ、同年3月8日に記者会見で発表を行いました。スカートの長さや下着の色の指定といった校則、あるいは連帯責任や下着の色チェックといった指導が、近年になって増加していることなどを紹介し、人権侵害にあたるものは見直すべきだと訴えました。

このアンケートで、中学時代の状況を尋ねるという調査を行ったのですが（ｎ＝１０００）、その中にはいじめに関する項目も盛り込んでいます。厳しい指導や校則が、いじめを生むストレッサーになるというのは既にわかっていたので、その関係を調べることが主な目的でした。しかしそれだけでなく、他の様々な項目と組み合わせて統計処理を行うことで、何かしらの事実がわかるのではないかとも考えたためです。

本章では、このＢＫ調査から見えてきた分析結果を紹介していきます。

学力といじめの関係

まずは、学校の学力（偏差値）といじめの関係を見てみましょう（図６－１）。全体として、学力が低いとされる学校では、いじめ被害が多くなることがわかります。他方で、いじめ加害となると、学力が高い学校でも全体として多くなっています。特に、ネットを用いたいじめが、学力の高い学校ほど多くなっていることには要注目でしょう。

学力が低い場合、学校全体にいじめ抑止規範が共有されにくく、順番に被害がやってきやすいのでしょう。他方で学力が高い学校でも、競争圧力や課題などによる過労など、学校ストレスや家庭ストレスを発散するニーズがいじめへと向かうことが多いことが窺えます。また、ネットいじめの多さは、パソコンやスマートフォンなどをそもそも保有しているか否かにも関わるでしょうし、「学校内ではいじめないが、ネットを用いたいじめは行う」といった二重規範の活用をする狡智の存在を見て取ることもできます。

図6-1　学力といじめの関係

（単位：％）

被 害	低い	やや低い	ふつう	やや高い	高い
からかわれたり、悪口やおどし文句、嫌なことを言われたりした	54.1	28.18	27.36	27.42	25.53
仲間はずれにされたり、無視されたり、陰で悪口を言われたりした	50.82	21.82	20.21	21.77	29.79
軽くぶつかられたり、遊ぶふりをして叩かれたり、蹴られたりした	31.15	12.73	8.21	10.48	10.64
ひどくぶつかられたり、叩かれたり、蹴られたりした	27.87	2.73	3.64	4.03	8.51
お金や物をおどし取られたり、おどし取られそうになったりした	11.48	2.73	3.65	3.23	4.26
お金や物を隠されたり、盗まれたり、捨てられたりした	21.31	4.55	5.17	2.42	6.38
嫌なことや恥ずかしいこと、危険なことをされたり、させられたりした	21.31	3.64	5.17	4.84	8.51
パソコンや携帯電話で嫌なことをされた	3.28	2.73	1.37	2.42	6.38
身体を性的に触られたり、性的な言葉をかけられたりした	4.92	2.73	1.82	0.81	4.26
部活動の時間帯に、これらいずれかの行為をされたことがある	13.11	2.73	4.1	0.81	4.26
あてはまるものはない	31.35	49.09	59.88	59.68	53.19

加 害	低い	やや低い	ふつう	やや高い	高い
からかったり、悪口やおどし文句、嫌なことを言ったりした	19.67	12.73	13.07	10.48	19.15
仲間はずれにしたり、無視したり、陰で悪口を言ったりした	11.48	14.55	8.21	10.48	14.89
軽くぶつかったり、遊ぶふりをして叩いたり、蹴ったりした	8.2	5.45	3.8	2.42	12.77
ひどくぶつかったり、叩いたり、蹴ったりした	8.2	4.55	1.22	0.81	6.38
お金や物をおどし取ったり、おどし取ろうとした	1.64	1.82	1.22	0.81	4.26
お金や物を隠したり、盗んだり、捨てたりした	3.28	4.55	0.61	1.61	8.51
嫌なことや恥ずかしいこと、危険なことをしたり、させたりした	6.56	0.91	1.82	3.23	10.64
パソコンや携帯電話で嫌なことをした	1.64	0.91	0.76	0.81	12.77
身体を性的に触ったり、性的な言葉をかけたりした	1.64	0	1.06	1.61	6.38
部活動の時間帯に、これらいずれかの行為をしたことがある	1.64	0.91	1.22	0	6.38
あてはまるものはない	70.49	70.91	78.27	77.42	70.71

校内の成績といじめの関係

学校内での成績と、いじめ被害の関係を見てみると、成績が低いほどいじめにあいやすいが、成績が高い生徒も一部いじめではリスクが上がっていることがわかります（図6－2）。成績が高い生徒が妬《ねた》みの対象にもなる一方で、成績が低い生徒は、つながりを持つ友人との間に暴力的なコミュニケーションが蔓延《まんえん》していることも窺えます。また、物を盗まれたり、恥ずかしいことをさせられるなど、致命的ないじめが多いことから、「どうせ逆らえないだろう」といった加害者の認識によるエスカレーションのリスクを見ることもできます。

いじめ加害との関係を見た場合には、からかいや仲間はずれについては、成績が高い生徒が多くなる一方で、暴力系のいじめは成績が低い生徒に多くなるということがわかります。こうしてみると、被害・加害ともに、いじめとの関係は、単線的なものではないということがわかります。しかし、これらはあくまで傾向であって、学力が低くてもいじめがない教室もあるし、学力が高くてもいじめが蔓延している教室もあるということに、必ず留意しておいてください。

図6-2　校内の成績といじめの関係

（単位：％）

被害	低い	やや低い	ふつう	やや高い	高い
からかわれたり、悪口やおどし文句、嫌なことを言われたりした	46.51	31.2	26.78	24.41	29.89
仲間はずれにされたり、無視されたり、陰で悪口を言われたりした	43.02	29.6	17.09	19.29	25
軽くぶつかられたり、遊ぶふりをして叩かれたり、蹴られたりした	25.58	11.2	8.83	8.27	9.24
ひどくぶつかられたり、叩かれたり、蹴られたりした	11.63	6.4	3.13	3.94	7.61
お金や物をおどし取られたり、おどし取られそうになったりした	8.14	8	2.56	2.76	3.8
お金や物を隠されたり、盗まれたり、捨てられたりした	15.12	4	3.42	5.91	7.07
嫌なことや恥ずかしいこと、危険なことをされたり、させられたりした	20.93	4.8	3.99	4.33	6.52
パソコンや携帯電話で嫌なことをされた	5.81	1.6	1.14	1.97	2.17
身体を性的に触られたり、性的な言葉をかけられたりした	4.65	1.6	1.42	2.36	2.17
部活動の時間帯に、これらいずれかの行為をされたことがある	10.47	1.6	2.56	3.15	7.07
あてはまるものはない	39.53	44.8	63.53	60.63	53.8

加害	低い	やや低い	ふつう	やや高い	高い
からかったり、悪口やおどし文句、嫌なことを言ったりした	15.12	18.4	9.12	12.99	17.93
仲間はずれにしたり、無視したり、陰で悪口を言ったりした	11.63	12	5.7	11.42	12.5
軽くぶつかったり、遊ぶふりをして叩いたり、蹴ったりした	8.14	5.6	4.42	3.94	4.89
ひどくぶつかったり、叩いたり、蹴ったりした	8.14	1.6	0.85	0.79	4.35
お金や物をおどし取ったり、おどし取ろうとした	2.33	2.4	0.85	1.18	1.63
お金や物を隠したり、盗んだり、捨てたりした	4.65	2.4	0.28	1.57	2.72
嫌なことや恥ずかしいこと、危険なことをしたり、させたりした	5.81	0.8	1.42	3.15	3.8
パソコンや携帯電話で嫌なことをした	4.65	0	0.57	1.18	2.72
身体を性的に触ったり、性的な言葉をかけたりした	0	0.8	0.57	1.97	2.72
部活動の時間帯に、これらいずれかの行為をしたことがある	3.49	0.8	0.57	1.18	2.17
あてはまるものはない	69.77	69.6	82.62	74.8	75

図6-3 「教室の雰囲気はよかったと思うか」という質問への回答と被害のクロス集計

（単位：％）

被害	まったくそう思わない	あまりそう思わない	どちらともいえない	まあそう思う	そう思う
からかわれたり、悪口やおどし文句、嫌なことを言われたりした	61.46	38.1	27.33	20.42	23.33
仲間はずれにされたり、無視されたり、陰で悪口を言われたりした	55.21	40.48	21.54	12.73	11.11
軽くぶつかられたり、遊ぶふりをして叩かれたり、蹴られたりした	28.13	15.08	6.43	8.49	7.78
ひどくぶつかられたり、叩かれたり、蹴られたりした	13.54	10.32	5.47	1.59	4.44
お金や物をおどし取られたり、おどし取られそうになったりした	10.42	3.97	2.57	3.71	3.33
お金や物を隠されたり、盗まれたり、捨てられたりした	19.49	8.73	6.11	1.33	4.44
嫌なことや恥ずかしいこと、危険なことをされたり、させられたりした	23.96	9.52	4.18	2.65	3.33
パソコンや携帯電話で嫌なことをされた	7.29	2.38	1.61	0.53	3.33
身体を性的に触られたり、性的な言葉をかけられたりした	7.29	0.79	1.61	1.33	3.33
部活動の時間帯に、これらいずれかの行為をされたことがある	11.46	2.38	4.18	2.39	5.56
あてはまるものはない	21.88	38.89	56.59	68.7	67.78

教室の雰囲気といじめの関係

教室の雰囲気といじめの関係を見てみると、教室の雰囲気がよくなかった教室で、いじめ被害が激増していることがわかります（図６－３）。これは回想調査なので、いじめ被害があったために、教室の雰囲気をよくないと評価している可能性もあるでしょう。

「雰囲気」というのは、生徒一人だけで作り上げられるものではありません。雰囲気が悪い教室ほど、ひどい暴力や危険行為が蔓延するなど、いじめのエスカレーションが加速することもわかります。教室満足度の高い教室を作るためにはどうすればいいのか、大人たちがしっかりと吟味する必要があります。

ＢＫ調査では、教室の荒れ具合についても確認していますが、こちらも同様の結果で、荒れている教室ほどいじめ被害が増大していることがわかりました。学力が高くても荒れている教室というのがあり、そこでもいじめが増えることがあります。複雑に絡み合うストレッサーを、丁寧に除去していくことが大切です。

学校でのポジションといじめの関係

学校でのポジションといじめ被害の関係を見てみると、友達が少なかった、周囲に合わせるのが苦手、落ち着きがなかった、おとなしかった、よく悪さをしていたという生徒が、より多く被害経験を持っています（図６－４）。攻撃されやすい特性を持っているということや、悪さをし合う仲間とよく一緒にいたなど、様々なルートでいじめ被害につながっているのでしょう。

特に多いのが、「周囲に合わせるのが苦手」なタイプの被害です。教室などに蔓延する「空気」から逸脱していると見なされることによって、攻撃のターゲットになり、自己認識としても人との交流にマイナスの感情を抱いてしまうという循環が窺えます。「おとな

図6-4　学校でのポジションといじめの関係（被害）

（単位：%）

被害	おとなしかった	よく悪さをしていた	落ち着きがなかった	周囲に合わせるのが苦手	友達が少なかった	リーダー的存在だった	部活に熱心に取り組んでいた	あてはまるものはない
からかわれたり、悪口やおどし文句、嫌なことを言われたりした	38.44	40.51	41.74	54.84	42.55	19.54	23.3	13.41
仲間はずれにされたり、無視されたり、陰で悪口を言われたりした	27.43	32.91	34.78	50.97	45.74	14.94	14.77	15.24
軽くぶつかられたり、遊ぶふりをして叩かれたり、蹴られたりした	13.17	20.25	22.61	24.52	21.28	5.75	8.52	5.49
ひどくぶつかられたり、叩かれたり、蹴られたりした	6.7	11.39	13.04	10.97	11.17	9.2	1.7	3.66
お金や物をおどし取られたり、おどし取られそうになったりした	4.97	11.39	12.17	9.03	9.57	11.49	3.41	0.61
お金や物を隠されたり、盗まれたり、捨てられたりした	7.56	13.92	14.78	17.42	13.3	8.05	5.68	2.44
嫌なことや恥ずかしいこと、危険なことをされたり、させられたりした	9.29	16.46	13.91	17.42	15.96	5.75	5.11	3.05
パソコンや携帯電話で嫌なことをされた	2.38	7.59	5.22	9.03	4.79	6.9	2.84	0.61
身体を性的に触られたり、性的な言葉をかけられたりした	1.3	10.13	9.57	6.45	3.72	4.6	3.41	0.61
部活動の時間帯に、これらいずれかの行為をされたことがある	5.18	8.86	5.22	9.03	8.51	10.34	6.25	1.22
あてはまるものはない	47.73	40.51	36.52	23.87	35.11	66.67	64.77	76.83

しい」だけでなく、「おとなしく、かつ周囲に合わせるのが苦手」な場合にいじめが増加することなどから、いじめが「雰囲気」「空気」と密接な関係を持つことが再確認されます。

教室でリーダー的な存在であっても、部活ではいじめ被害にあいやすいという、興味深いデータも出ました。この結果からは、場所が変わればいじめのターゲットも変わることが示唆されます。加えて、異教室や異学年の生徒から「生意気」だと叩かれやすいことも理由として考えられます。

いじめ加害と学校でのポジションを見てみると、ポジションによって加害のタイプが異なることがわかります（図6－5）。「よく悪さをしていた」生徒は、全体的な加害項目が多くなる一方で、「周囲に合わせるのが苦手」な生徒は、物を盗んだり辱めを与えるといったいじめは他と比べて増加するわけではない。また、「リーダー的」な生徒は、特に危険ないじめにエスカレートさせてしまう際のキーパーソンになっていることがわかります。

このようなデータは、他の章で見てきた議論の補足になるばかりでなく、対策を講じる際の新たなヒントにもなりうるでしょう。問題校則や理不尽な指導をなくすことだけでなく、加害・被害のリスクを高めない教室づくりのために、発散やヘルプを必要としている生徒への積極的な介助を行うこと。それを可能にする体制づくりが急務です。

図6-5　学校でのポジションといじめの関係（加害）

（単位：%）

加害	おとなしかった	よく悪さをしていた	落ち着きがなかった	周囲に合わせるのが苦手	友達が少なかった	リーダー的存在だった	部活に熱心に取り組んでいた	あてはまるものはない
からかったり、悪口やおどし文句、嫌なことを言ったりした	13.61	36.71	24.35	23.23	12.23	24.14	13.64	9.15
仲間はずれにしたり、無視したり、陰で悪口を言ったりした	7.56	25.32	16.52	16.13	10.64	18.39	9.66	7.32
軽くぶつかったり、遊ぶふりをして叩いたり、蹴ったりした	3.67	21.52	12.17	10.32	6.91	6.9	3.98	1.22
ひどくぶつかったり、叩いたり、蹴ったりした	1.51	13.92	6.96	4.52	3.19	11.49	2.27	1.22
お金や物をおどし取ったり、おどし取ろうとした	1.73	6.33	6.09	1.94	2.66	6.9	1.7	0
お金や物を隠したり、盗んだり、捨てたりした	1.94	13.92	5.22	4.52	3.19	3.45	1.7	0.61
嫌なことや恥ずかしいこと、危険なことをしたり、させたりした	2.16	13.92	7.83	5.81	4.79	11.49	2.84	0.61
パソコンや携帯電話で嫌なことをした	1.73	6.33	5.22	3.87	3.72	5.75	2.84	0
身体を性的に触ったり、性的な言葉をかけたりした	1.08	7.59	6.09	2.58	2.13	8.05	1.7	0.61
部活動の時間帯に、これらいずれかの行為をしたことがある	0.65	10.13	4.35	2.58	2.13	5.75	3.41	0
あてはまるものはない	79.48	41.77	57.39	61.29	74.47	66.67	78.41	86.59

第7章

ハイリスク層へのサポート

いじめのハイリスク層を分析する

これまで、データを通して、「誰もがいじめの対象になる」のと同時に、「一部の児童・生徒のいじめ被害リスクが高くなることもある」という事実があることもお話ししてきました。本章では、その中でもとりわけデータの蓄積があり、昨今注目を集めているセクシュアルマイノリティに関するデータを中心に取り上げながら、ハイリスク層への対応について考えていきたいと思います。

セクシュアルマイノリティは、最近では「ＬＧＢＴ」などと呼ばれています。これは、レズビアン（非異性愛女性）、ゲイ（非異性愛男性）、バイセクシュアル（両性愛）、トランスジェンダー（性別違和）という、代表的なセクシュアルマイノリティそれぞれの頭文字を表しています。ただ、この４種類以外にも、例えばアセクシュアル（無性愛）といって、性的欲求を他者に抱かないとされる人など、様々なセクシュアリティを持つ人が存在しており、セクシュアルマイノリティが必ずしもＬＧＢＴの４種類に分類されるわけではないということは覚えておいてほしいと思います。

セクシュアルマイノリティに関する調査結果を見ると、海外の調査でも、ヘテロセクシュアル（異性愛）でシスジェンダー（性別に違和を抱いていない人）の人、いわゆる性的な

図7-1　LGBTへのいじめや暴力被害の有無

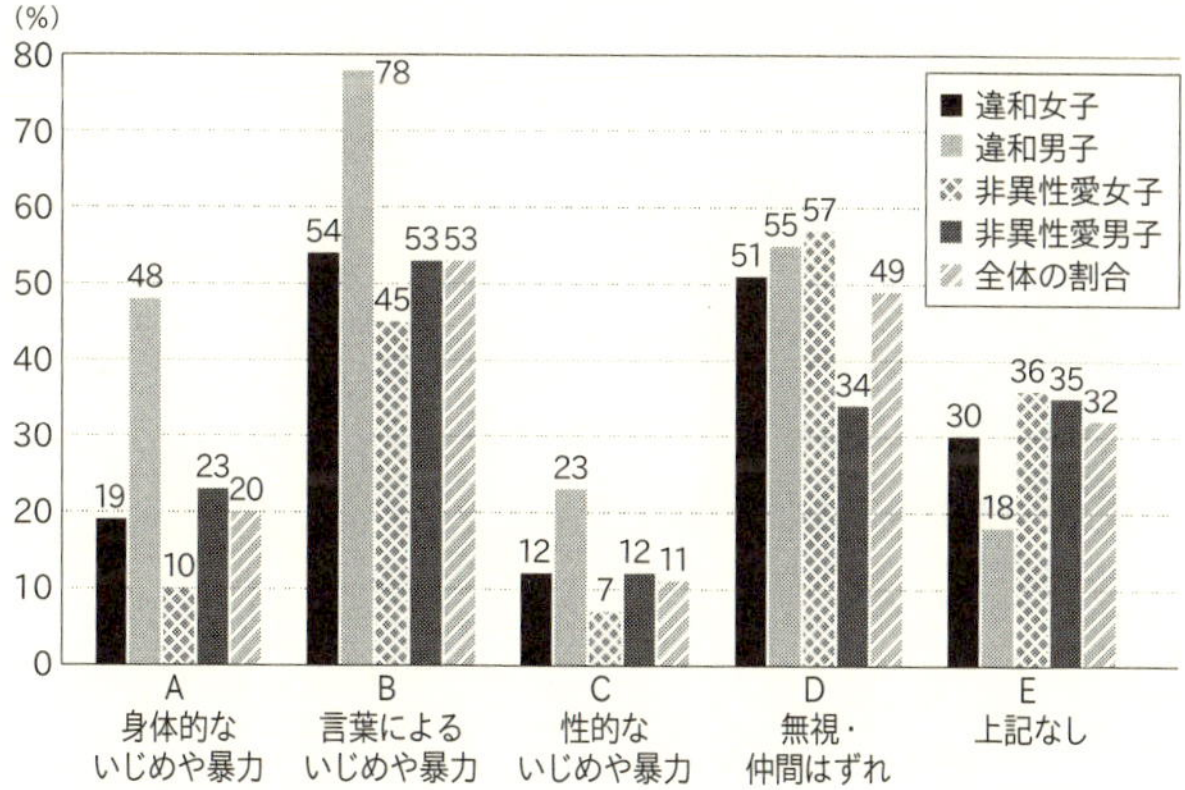

いのちリスペクト。ホワイトリボンキャンペーン「学校生活調査」より作成

「マジョリティ」に比べて、セクシュアルマイノリティは、いじめのターゲットになりやすいという傾向が見られます。例えば２００９年の全米調査では、セクシュアルマイノリティとされる子どもの85%が言葉によるいじめを、40%が身体的ないじめを受けたという結果が出ています。また、同性愛者である児童はネットいじめを受けやすく、いじめの経験のある同性愛児童は、薬物依存になる確率が高く、性的リスク行動や自殺行動が多くなると指摘されています（『ある日、私は友達をクビになった』エミリー・バゼロン、早川書房、２０１４）。

日本でも、セクシュアルマイノリティに関するいくつかの研究、調査が行われてきており、そうした調査は彼らがいじめのハイリスク層であることを示唆するものになっています。

そのうちの一つ、「いのちリスペクト。ホワイトリボンキャンペーン」による「学校生活調査」を見てみましょう（図7－1）。これはセクシュアルマイノリティの当事者に、いじめ被害の実態を聞いた調査です。この調査は、過去の体験を振り返って回答する、回想法という手法をとっており、現在のいじめ状況を児童・生徒に聞いている調査と同じように扱うことはできませんが、非常に重要な結果が得られています。

第2章などで紹介したデータでは、9割近くの児童・生徒が、いじめと捉えられる具体的な被害を受けたことがある、という結果になっていますが、これらのデータに比べ、回想法で問う場合、「いじめ被害にあった」と報告する人の割合は低くなる傾向があります。過去の調査では、ばらつきはあれど、平均的には3～5割程度が「いじめ被害あり」と認識するという数字が出ています。しかし「学校生活調査」において、セクシュアルマイノリティの人に同じ質問をすると、約7割がいじめ被害にあっていることがわかります。

細かな内訳を見てみると、トランスジェンダーの中でもMtF（体の性別が男性で、性自認が女性）またはMtX（体の性別が男性で、性自認が男性でも女性でもない）の人、つまり、生まれた時の戸籍上の性別は男性だが、性自認のうえで違和感を抱いている人が、特にいじめの対象になりやすいことが明らかになっています。

なぜセクシュアルマイノリティがいじめの対象になりやすいのか

なぜこうした児童・生徒たちは、学校空間において、暴力の対象になったり、嫌な言葉をかけられたり、性的ないじめの対象になったりするのでしょうか。これは、メディアで様々なアティテュードを学習してしまうのが、大きな要因として考えられます。

以前私は、『社会的な身体《からだ》』（講談社現代新書、2009）、『すべての新聞は「偏って」いる』（扶桑社、2018）という本の中で、ロールモデルとアティテュードモデルというものを提示しました。この二つの概念は、セクシュアルマイノリティのメディア発信やいじめ問題について考えるうえで、とても重要なものです。

ロールモデルというのは、「ああいう人になりたい」と目標となる役割の人を指します。アイデンティティ単位で、振る舞いなどを模倣していく対象のことです。一方、アティテュードモデルというのは、「ああいう行為をするものなのだ」と学習する対象を指します。

メディアで発信されるイメージや言語というのは、人々に様々なアティテュードモデルを提供しています。「政治はこういうふうに語るんだ」「友達とはこういうふうにふざけ合うものなのだ」「上司との関係はこういうふうに築くんだ」といった形で、人は「行為」を学習していきます。その学習には、お笑い番組やバラエティ番組を見て、どういうふうに他人をいじればおもしろくなるのかを学ぶことなども含まれます。

今の日本のメディアは、セクシュアルマイノリティに対し、ネガティブなメッセージを発信しがちです。例えば、「オネエ」「カマっぽい」「ホモ」「女々しい」という言葉や、「こっち」「そっち系」といって手の甲を頬《ほほ》に当てるしぐさをするといった仕方でいじる姿が、テレビをはじめとするメディアにあふれています。特に「こっち」「そっち」という言葉は、特定の人たちを「自分たちとは違う」と切り離して考える、というメッセージが強い言葉です。

こうしたイメージが発信されることによって、特定のジェンダー観をメディアから受け取り、「このようにいじるものだ」とするアティテュードが完成していきます。そうしたアティテュードを身体化していく過程を経て、人々はそうしたアティテュードに沿う形の思想を形成していきます。

メディアや、身近な大人たちが、セクシュアルマイノリティに対してどんな振る舞いをしているのかということが、子どもに与えるメッセージは、とても重要なのです。

他方で、そうしたメディアにおいて、ロールモデル、すなわち、セクシュアルマイノリティでも恥じることなく堂々と生きられるんだ、という姿が取り上げられることによって、それが当事者の自己肯定につながることもありえます。また、身近な大人たちがカミ

図7-2　LGBTへのいじめの時期

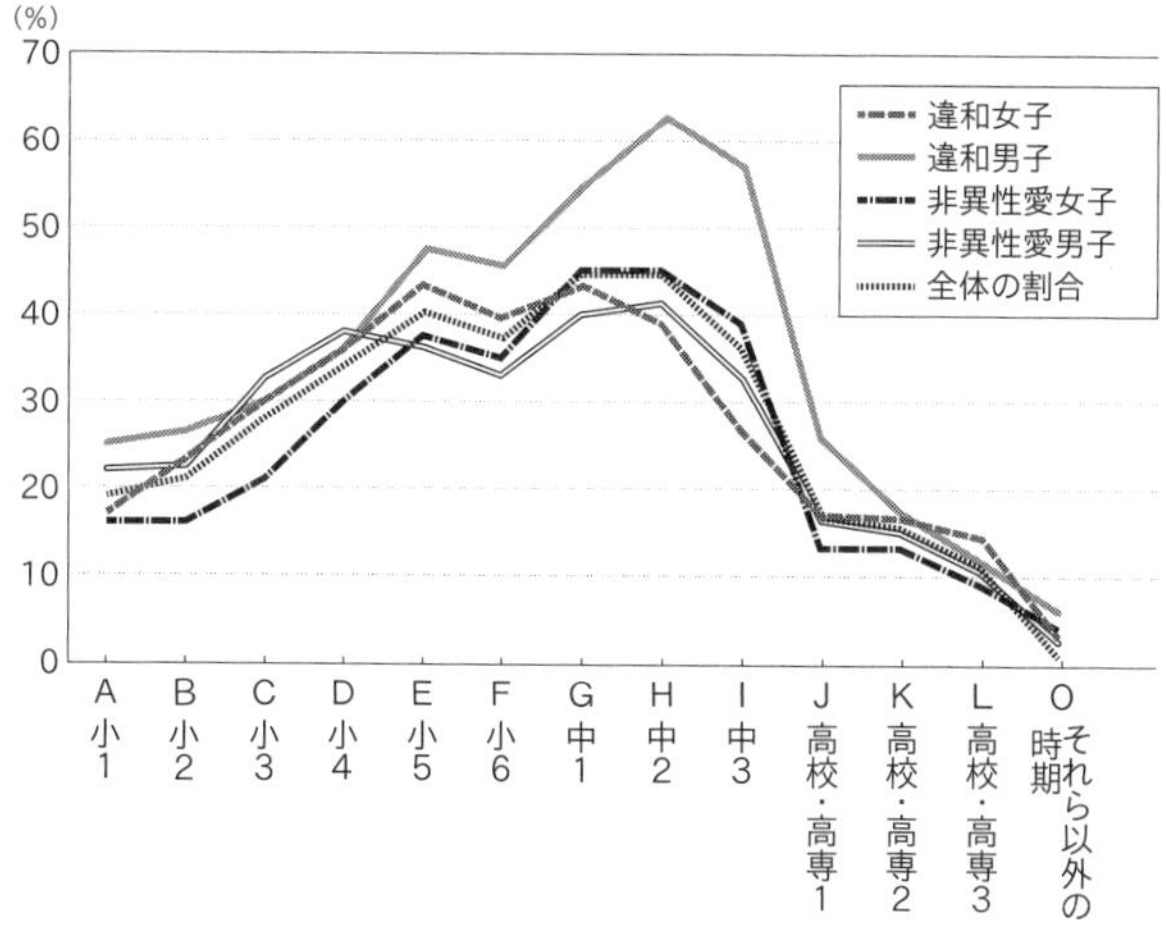

いのちリスペクト。ホワイトリボンキャンペーン「学校生活調査」より作成

ングアウトしたり、周りが自然に受け入れていく姿勢を見せたりすることで、当事者の子もそうでない子も、抱くイメージが変わっていくこともあります。周囲からどういったメッセージが発信されているのかということについて、我々は敏感でいなくてはいけません。

セクシュアルマイノリティ当事者へのいじめは長引く

セクシュアルマイノリティ当事者に、どの時期にいじめられていたかを聞いたデータを見ると、とても特徴的なグラフになっています。どのタイプのセクシュアルマイノリティでも、小学校から中学2、3年生までピークが続いているのです（図7－2）。

第2章で紹介したデータでは、いじめのある時期の当事者認知では、小学4、5、6年生がピークとなり、中学3年には大きく減少する傾向がありました。しかし、セクシュアルマイノリティへのいじめでは、減少時期がずれています。これは、中学生というのが、性の違いや性のあり方について敏感、多感になる時期であるからだと考えられます。そうした時期だからこそ、自分たちと違うセクシュアリティやジェンダーの人をいじったり、特定のジェンダー観に基づいて誰かを非難したりすることが頻繁に、しつこく行われるのでしょう。

注目したいのは、多くの調査では、中学3年生になるといじめがぐっと減るのに対し、このデータでは減少幅が小さいことです。中3になってもまだまだピークが続いていると言わざるを得ません。これは、いじめられている当事者にとって、非常に深刻な実態です。というのも、いじめがこれだけ長引くことによって、長期的に自己肯定感が下がり、メンタル面への影響がより重大なものになるからです。また、中学3年生といえば、高校受験シーズン。将来を大きく左右する時期です。この時期に大きなストレスがかかることによって、勉強に集中できない。それだけでも深刻な事態ですが、さらに、長期的ないじめにより不登校になるケースも多く見られます。

図7-3　LGBTへのいじめの影響

（単位：%）

	違和女子	違和男子	非異性愛女子	非異性愛男子
A 友達が減った	14	30	21	10
B クラスで孤立した	26	48	29	22
C 部活をやめることになった	9	2	6	5
D 学校に行くのがいやになった	47	**52**	41	38
E 学校を休みがちになった	25	20	15	16
F 不登校になった	17	11	11	7
G 別の学校に転校した	1	5	2	1
H 退学した	3	4	1	2
I 自殺を考えた	38	41	30	22
J わざと自分の身体を傷つけた（リストカットなど）	29	20	25	9
K 眠れなくなった	20	20	16	9
L 人を信じられなくなった	44	41	37	27
M ひきこもりがちになった	19	16	12	17
N 勉強への意欲を失った	18	27	12	13
O 今でも、その経験をときどき思い出す	48	**57**	44	31
P 今でも、その経験を思い出すとつらくなる	36	**50**	32	24
Q 今ふりかえってみて、その後の人生にマイナスの影響があった	24	45	23	22
R 今ふりかえってみて、かえってその後の人生にプラスになった	19	16	24	29
S 特に影響はなかった	16	5	19	24

※回答平均が30%以上の項目は黒、他属性よりも著しく高い値を示したものはグレー、また半数以上回答があったものは太字で掲載。

いのちリスペクト。ホワイトリボンキャンペーン「学校生活調査」より作成

不登校は、「学歴の空白」を生み、それは学歴の低下につながっていく可能性がありま す。学歴の低下は、生涯所得の低下につながります。そのほかにも、希死念慮、対人信頼の低下、いじめ後遺症など、様々な弊害が生じてしまいます（図7－3）。長期的ないじめは、様々な意味での生きづらさを、小中学生のうちに生んでしまうことになるのです。

教育と差別

2017年に学習指導要領の見直しに関する議論がありました。小学3、4年生の保健・体育の教科書に、「思春期になると異性への関心が高まる」という記述があり、それをセクシュアルマイノリティに配慮した記述にすべきだ、という声が上がり、署名活動が行われたのです。しかしながら、「国民や保護者の理解が得られない」「LGBTに対する科学的な知見が確立していない」として、その要求は受け入れられませんでした。

私はこの対応は、教育における順序が逆転していると同時に、現役世代の子どものことが考えられていない誤った対応であると感じています。教育というのは本来、大人が「そうあるべき」だと思う像を子どもに押しつけるものではなく、子どもの能力を伸ばすために、大人が環境を整えるべきものです。そもそも、「国民や保護者の理解が得られない」というコメントにおける「国民」とはいったい誰のことなのでしょうか。

同性愛に関する世論調査を見ると、年長世代よりも若年層のほうが同性婚に賛成する人が多いことがわかります。小学校に子どもを通わせる親世代は、その上の世代の人に比べて、寛容になっている事実があるのです。であるにもかかわらず、今の世代の教育を語る場面において、パブリックコメントを寄せる年齢層の声を取り上げて、「全体の割合として反対が多い」と判断し、教科書の内容を決めるという態度には、疑問を感じます。

加えて、「国民や保護者の理解」と言った時に、では子どもの理解はどうなのか、という疑問もあります。子どもの中に当事者がいる、ということを無視した格好になってしまっているのです。

また、「科学的な知見が確立していない」というのも意味不明です。様々な社会科学的調査において、社会には一定のセクシュアルマイノリティが存在することが既に明白に証明されています。「電通ダイバーシティ・ラボ」の調査では、社会には5〜7％程度の割合で性的少数者が存在しているという調査結果が出ています。相模ゴム工業株式会社の調査では、同性を恋愛対象として見なす人が6〜9％の割合で存在するという調査結果になっています。そのほか、本章でも述べた通り、セクシュアルマイノリティが様々な差別を受けていること、発達過程で自尊感情を傷つけられやすいこと、そして、そうしたことが長期的な問題へとつながることがわかっています。

このように、実際に明らかになっている課題に対して、「国民の理解」というフレーズが出てくること自体、解せないものがあります。セクシュアルマイノリティを前提にした記述というのは、倫理観という意味でも重要ですし、社会科学的に見ても重要だと言えます。むしろ、「誰もが異性に興味を持つ」という、科学的に間違った記述を放置することのほうが問題のはずです。実際にこの社会には、同性に恋をする人もいれば、他人に恋愛感情を抱かない人もいます。その人たち自身が声を上げているのにもかかわらず、現実を無視した記述を残すというのは、社会科学的な誤りだと言えるでしょう。

学校教育というのは、子どもたちにとって最も身近な科学に接する体験です。そうした場で、「理解が得られないから」という理由で非科学的なことを教えるというのは、国民の多くが納得していないから天動説を教えるというのと同じことです。文部科学省、あるいは当時の文科大臣が考える「科学的知見」とは何なのでしょうか。おそらく、社会科学を、そして人権を舐《な》めているのでしょう。

こうして、セクシュアルマイノリティに対する理解を学校空間で醸成しないがゆえに、セクシュアルマイノリティがいじめのハイリスク層になり続けているとも考えられます。教育の本来の意味を考えれば、学校では、こうした社会で排除されがちな人に対して、むしろ積極的に人権教育をしていく必要があるのではないでしょうか。人権教育というの

図7-4　異性愛男子と非異性愛男性の自殺未遂率、自傷行為率の比較

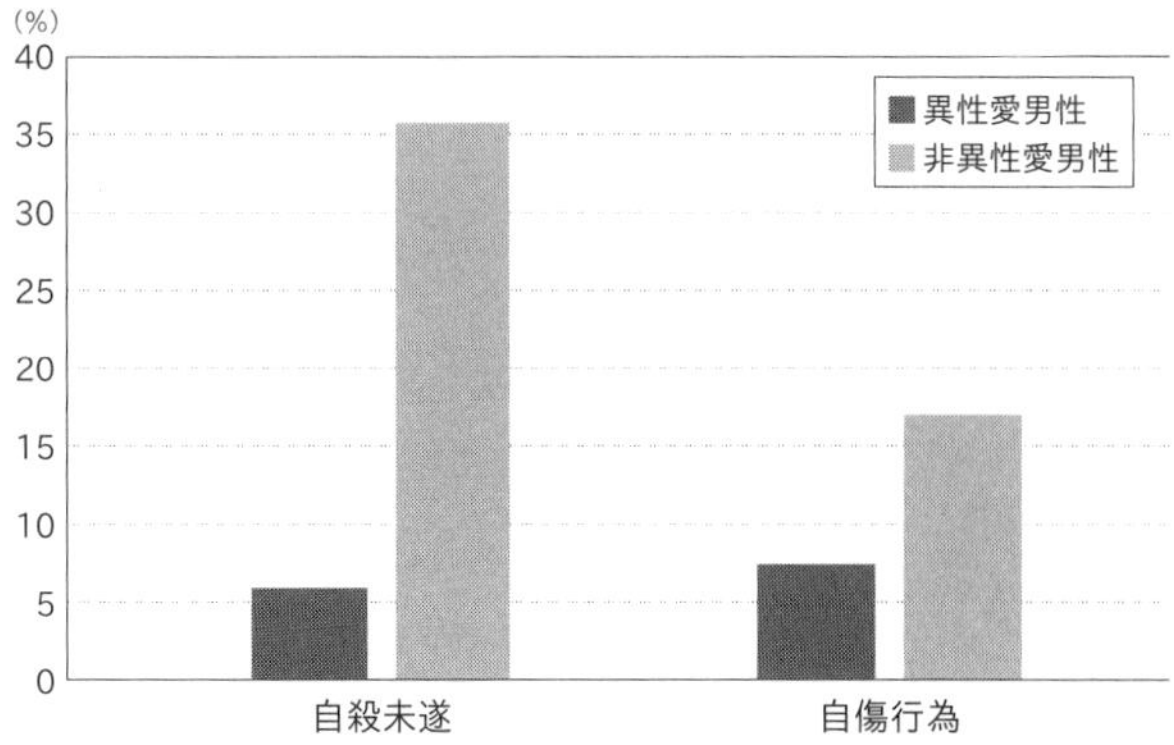

は、漠然と「多くの人にやさしくしましょう」と伝える教育ではなく、具体的にどんな偏見があり、その人たちがどのように困っていて、事実はどうなっているのかを知識として伝えていくものであるべきだと思います。知識なくして差別をなくすのは難しいということを、頭に入れておいてほしいと思います。

非異性愛男性の自殺未遂率

宝塚大学看護学部教授である日高庸晴は、継続的にセクシュアルマイノリティに関する調査を行っています。その中の一つに、自死に関する意識調査があります。

上の図を見ると、マジョリティとされる異性愛男性に比べ、非異性愛男性における自殺未遂を経験した人の割合は5・98倍と圧倒的に高く

なっています。また、自傷行為を行った人の割合も、非異性愛男性は異性愛男性の倍以上となっており、自殺リスクにつながる心理的負担がそれだけ高いことがわかります。このことからも、セクシュアルマイノリティに対する心理的攻撃が、社会に蔓延していることがわかります。

本来、いじめに対しては早期介入が求められますが、早期介入を行っていても、生徒の間にセクシュアリティに関する正しい知識がしっかりと根付いていないと、当事者には、一度いじめが解消されてもクラス替えのたびにいじめにあうというような経験が積み重なっていきます。社会的にラベリングされていることにより、いじめターゲットになりやすい。そのことによっていじめ経験が繰り返されていくことを食い止めるためにも、学校教育において正しい知識を伝えていくことが重要になってくるのです。

吃音児童といじめ

第6章で紹介したBK調査では、回答者のマイノリティ属性も尋ねています。また、いじめの被害・加害の経験も尋ねました。それらをクロスして分析したところ、性的少数者以外のマイノリティ、例えば吃音《きつおん》の症状があった者や、発達障害と診断された者など、様々な障害を抱えた児童もいじめ被害・加害に関わりやすいということがわかりました

図7-5　属性別被害経験率

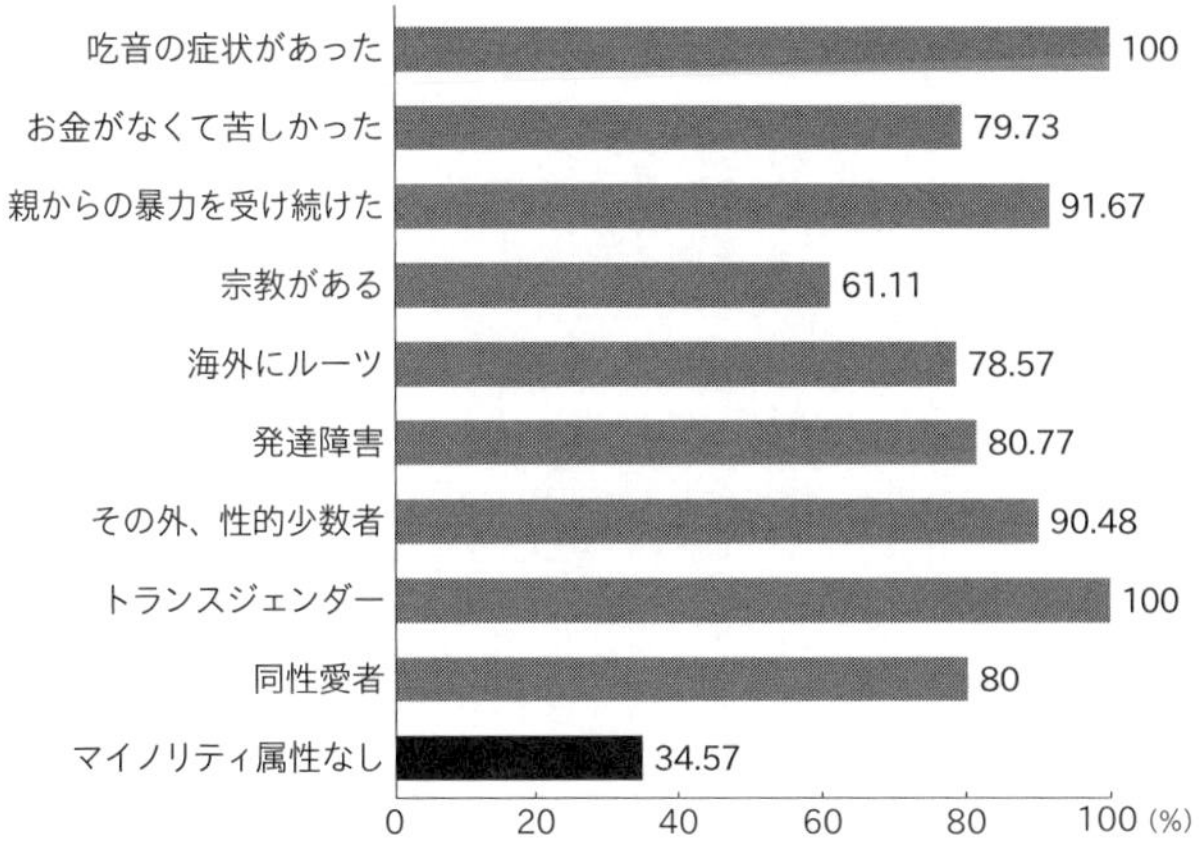

図7-6　属性別加害経験率

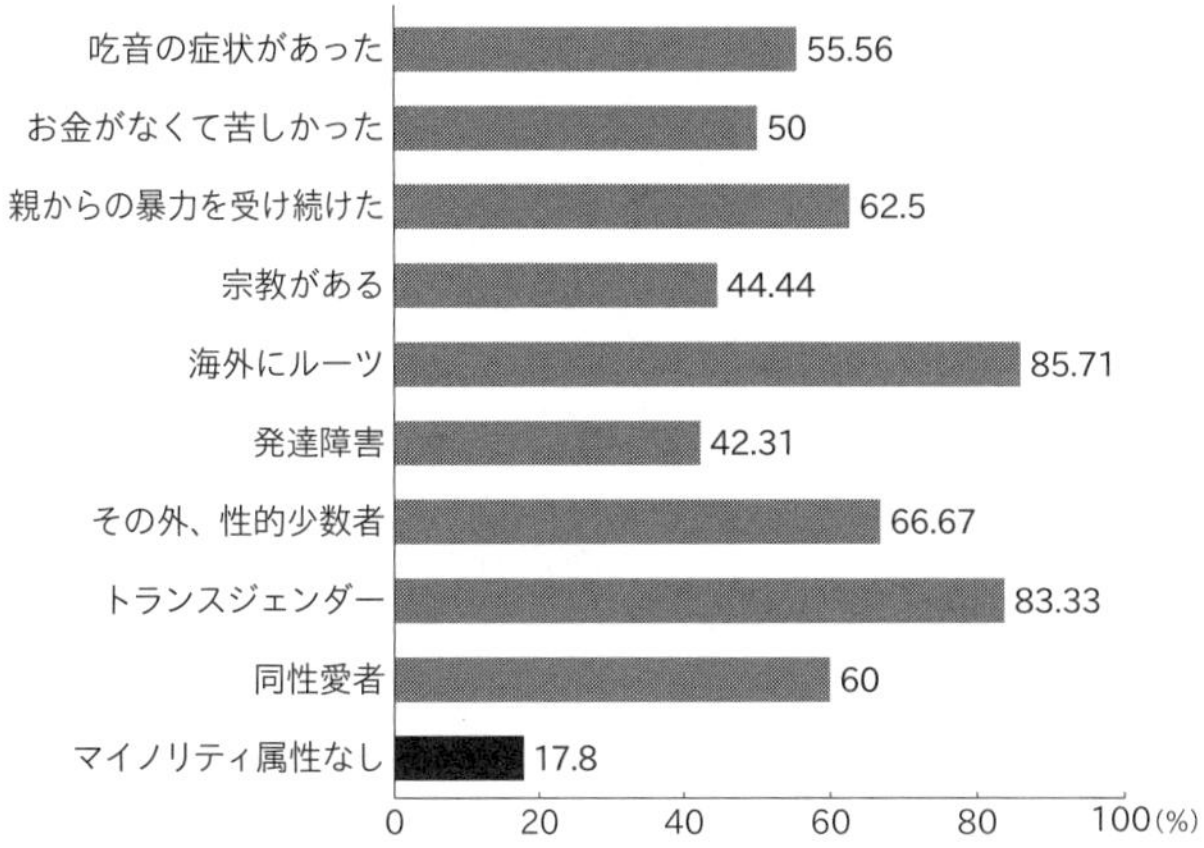

（図7－5、図7－6）。

吃音というのは、「連発」（語句の一部を繰り返すこと）、「伸発」（語句の一部を引き伸ばすこと）、「難発」（最初の語句や第一声が詰まってしまうこと）といった症状のことです。いずれも、コミュニケーションの場面で、困難が生じる機会が増えてしまいます。こうした障害に対する無理解が、いじめや差別につながっています。

菊池良和「エビデンスに基づいた吃音支援」（心身医学、2015）によると、吃音児童の6割ほどがいじめ被害にあっており、いじめの内容としては（1）真似される、（2）「なんでそんな話し方をするの？」と聞かれる、（3）笑われる、というものに類型化されるとされています。

他方で、太田真紀ら「吃音児・者における肯定的自己評価の促進要因」（特殊教育学研究、2004）では、吃音者は自己否定的な評価をする傾向がある中で、吃音を肯定する考えに子どもの頃から触れ、吃音を原因とするいじめを受けていない者は、自己肯定感が高いという指摘がなされています。同様に、長澤泰子ら「思春期における吃音児指導に関する研究」（日本橋学館大学紀要、2006）でも、学級の雰囲気、学校における経験、教師や親からの支援などが、吃音児童の自己評価に影響を及ぼしていることを指摘したうえで、個別児童を心理的にも言語的にも支援できるシステムの必要性が訴えられています。

発達障害といじめ

最近着目されることの多い、発達障害の児童はどうでしょうか。田中善大《よしひろ》らによる「保育所・小中学校におけるASD傾向及びADHD傾向といじめ被害及び加害との関連」（発達心理学研究、2015）では、こうした児童は加害・被害の双方に関わるリスクが高いと指摘されています。また、小渕隆司「高機能広汎性発達障害児の学校適応への支援」（国立オリンピック記念青少年総合センター研究紀要、2006）では、いじめ認識に関して当事者や他児との間、あるいは教師との間に発生する「読み違い」を解きほぐしていくことの重要性が論じられています。

戸ヶ崎泰子は「学校の何が子どものストレスになっているか」（『児童心理』2014年10月号、金子書房）で、発達障害の児童とそうでない児童とを比較した場合、学校ストレスの度合いは概ね変わらないという結果であった一方で、発達障害の児童は無気力、不機嫌などのストレス反応を強く示しやすいとしており、社交性スキル、主張性スキルをサポートしていく必要性を指摘しています。すなわち、ストレッサーの縮減だけでなく、ストレス反応を緩和するために、その子の発達特性に合わせた支援プログラムが求められるということです。

発達障害に対するいじめに関しては、国内外で様々な調査が行われています。ただし、この調査の難しいところは、発達障害の定義の一つとして、「人とコミュニケーションをとるのが難しい」という項目があるがゆえに、「いじめを受けている児童・生徒は発達障害だ」というふうに、定義が重なってしまうところがあることです。

しかし、綾屋紗月が当事者研究の枠組みの中で繰り返し指摘しているように（例えば『つながりの作法』共著、NHK出版）、「コミュニケーションの障害」が「発達障害当事者」の側にだけあると記述してしまうと、本来は相互行為であるはずのコミュニケーション上のトラブルが、発達障害当事者の特徴によってもたらされた問題行為であるかのように捉えられてしまいます。これは問題です。

また、発達障害は先天的な脳機能の障害ですが、それを親のしつけのせいにしたり、代替医療で治療可能であるかのように論じたりする言説も少なくありません。他方で、多くの親が、自分の子どもがいじめの当事者にならないかを心配しているため、キャロル・グレイ『発達障害といじめ』（クリエイツかもがわ、2008）のように、トラブル時の対処法を記した書籍も出ていますし、声がけや指導の仕方に関する研究も出始めており、これからの発展が期待されています。

発達障害者支援法が整い、様々なサポート体制が整いつつある中、当事者に対する理解や支援がいじめの抑止につながるという観点を持っておくことは、いじめ対策を行うにあたって非常に重要です。しかし、それは単に、特性への「特別な配慮」という形ではなく、誰もが過ごしやすい教室づくりがあったうえでの、それぞれへの介助という形で行わなければならないという点にだけ注意してほしいと思います。

外国人児童へのいじめ

さらにいじめハイリスク層として、外国人児童が挙げられます。

2017年3月、法務省は「初めて」公式な仕方で、外国人差別に対する実態調査を行いました。日本に住む外国人にアンケート用紙を配布し、どんな差別にあってきたかを調査したのです。その結果、多くの外国人が差別を経験していることがわかりました。また、アメリカ人だと十数パーセントという数字であるのに対し、中国人だと五十数パーセントという格好で、国籍による差異も見えてきました。具体的内容は、入居を断られた、仕事ができなかった、侮蔑的な言葉をかけられた、などです。

これは、国籍ごとの調査で、人種ごとの統計は出していません。また、公表されたデータには男女のクロス集計が載っていなかったので出してほしかったところです。

さて、それでもこの調査により、外国人差別が大人の世界で蔓延している、ということが数字として明らかになりました。入居拒否であるとか、就職拒否、職場でのからかいや排除、不利益になる言葉かけ、外国人であることを理由とした暴言などの割合がとても高くなっています。そして、外国人であるというだけで迫害のリスクに晒される、ということが、大人社会に蔓延しているということは、同じように子どもたちもそうした被害にあっている可能性が当然考えられます。

外国にルーツを持つ児童に対するいじめの実態として、有意な調査というのはご紹介できませんが、大人に対する調査が行われたことによって、子どもにも同様の状況があるのではないか、と推察することができます。

なおかつ、この調査では、白人に対する差別よりも、そうではない人種に対しての差別のほうが激しくなる風潮も見て取ることができました。

日本のテレビCMでも、かっこいい着こなしなど、プラス要素のあるシーンを描く際には、白人をモデルにすることが多く、黒人やヒスパニック系の人は「色々な人たちがいます」というメッセージ性を持たせる意味で、集団で出てくることはありますが、演出として単体で起用されることはほとんどありません。白人モデルが多い、ということについては、欧米コンプレックスの現れだと考えられますが、それも人種差別の裏返しだと捉えられるでしょう。

このような差別が蔓延している状況が、子どもたちにも感染してしまう可能性があります。ですから、いじめ防止のためには、ヘイトスピーチを含めた、外国人の人権問題に対する丁寧な教育、そして、クラスにそうした児童・生徒がいる場合におけるしっかりとした対応が必要になるのです。

いじめナビのメンバーでもある公益財団法人東京子ども図書館は、外国にルーツを持つ児童のいる学校に、その児童の国の絵本を持っていき、翻訳して読み聞かせをしながら、「○○君が育った国ではこういうお祭りがあるんだね」という仕方で国際文化理解を促したり、コミュニケーションのきっかけを作ったりする活動を行っています。こうした活動を行うことにより、外国籍の子どもに、母国に誇りを持ち自己肯定感を育む機会を与えることができ、また、日本人の子どもには、クラスメイトに感じていた違いを理解し、交流する機会を与えることができるのです。

なお、本の読み聞かせや読書時間を導入することで、児童の抱える学校ストレスが減る、という研究結果もあります。読書時間や読み聞かせの時間が、子どもたちにとっては誰からも評価をされないですむ息抜きの時間だからです。こうした自由な時間を与えられたことによって、子どものストレスが減ったのだと考えられます。そうしたことも踏まえると、レクリエーションとして、読み聞かせを通じて多様なルーツについて教えながら、それぞれの違いを認め合おうというような授業を展開することには、非常に有効な意味があると思います。

さて、このように、いじめには様々なハイリスク層が存在するため、全般的なストレスを排除する環境改善を進めるのと同時に、ハイリスク層に対するケアも非常に重要になります。

そうした様々なハイリスク層とされてしまっている児童であったとしても、安全・安心に過ごすことのできる教室づくりを心がけることがとても重要です。そのためには、「なんとなく環境を整える」だけではなく、個別の児童に対する知識を教室のメンバーで共有することによって、歯止めをかける、あるいは、いじめが発生しそうになった時にスイッチャーが発生しやすくする、シェルターを作る、などの試みが不可欠です。そして、そのような様々な機能を働きやすくするためには、ハイリスク層の認知が前提として必要ですし、また、学校におけるいじめの実態をより調査していく必要があるのです。

トランスジェンダー児童に関する文部科学省の通知

２０１５年４月、文部科学省から「性同一性障害に係る児童・生徒に対するきめ細かな対応の実施等について」という通知が、各学校関係者に出されました。これは、性同一性

図7-7　特別な配慮の状況（小中高等学校全体）

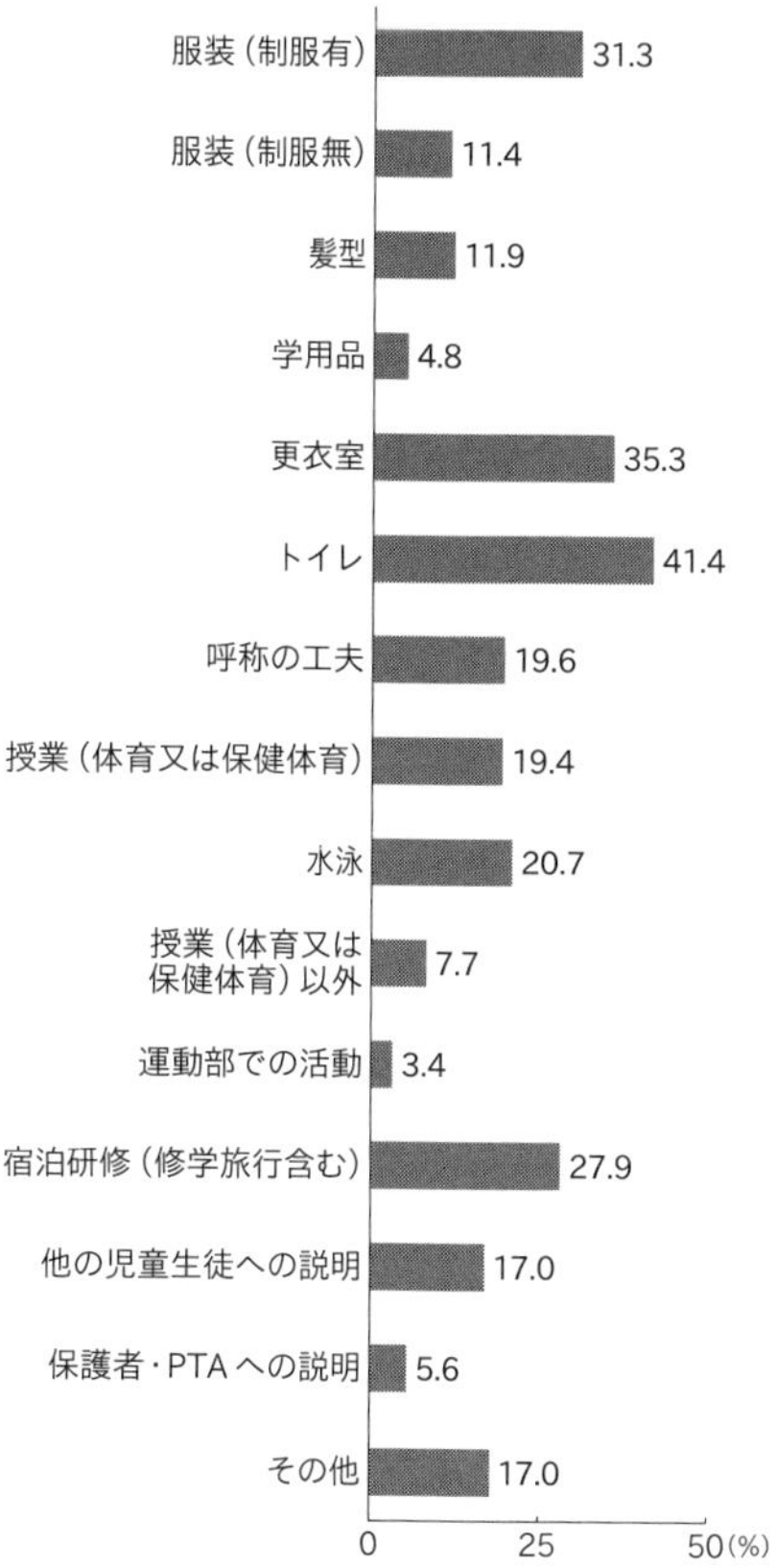

出典：文部科学省「平成26年　学校における性同一性障害に係る対応に関する状況調査について」

障害の児童・生徒に対して行うべき、具体的な配慮事項等をまとめたものです。この通達が出された経緯として、2014年にトランスジェンダーの児童・生徒に対し、どんな配慮をしているのかについて、学校の先生を対象に行ったアンケート調査があります。その結果を見ると、着替えや服装、トイレなどに対し、各学校が各々で判断し、対応を行っているということがわかったのです（図7-7）。

このように、実際に教室に当事者がいて、当事者に配慮が必要だという理解のもとで教師が自ら進んで対策を行っていけば、児童・生徒がより過ごしやすい環境整備が進み、子ども同士のいじめや、無理解な言葉かけも抑止されていきます。同様の配慮を、他のハイリスク層についても進めていくことが重要となるでしょう。

加害のハイリスク層

いじめには、被害のリスクだけでなく、加害者側になるハイリスク層というのも存在します。例えば、学校の授業についていきにくい、学校でストレスを感じやすい、家庭でストレスを抱えている、親などから暴力を受けているために、暴力を振るうことが解決手段であると学習している、貧困状況に置かれている、などの状況にある児童には、加害のリスクが増大します。また、それらの要因を抱えつつ、ソーシャルスキルが高めの児童ほど、よりいじめの加害者になりやすい、という現状があります。

つまり、発散しづらいストレスを抱えている児童・生徒が、ソーシャルスキルの高さゆえに、他の児童・生徒をコントロールしながら他の人をいじめる、という仕方で、ストレスを発散したり、自身の地位を向上する手段としたりしているという傾向があるのです。

一方で、いじめられる側の児童は、いじめられることによりソーシャルスキルの発達を阻害されていたり、そもそもコミュニケーション能力にハンディキャップがあることがいじめ被害のリスクを高めている、という場合もあります。

だからこそ、教師や保護者には、自身が子どもたちのコミュニケーションを介助・援助する役割にあることを意識してほしいと思います。子どもたちのコミュニケーションがうまくいっていないとき、単に叱るだけではなく、一方の児童が何を伝えたいのかを汲み、伝えることをサポートすることで、当事者間のコミュニケーションは円滑になり、互いの理解を深めていくことができるようになります。そうしたことが可能な環境づくりを意識していくことが、今、いじめ対策の現場では求められているのです。

第8章 メディアが飛びつくネットいじめ

誤解され続けてきたネットいじめ

本章では、ネットいじめについて取り上げます。2000年代後半から、携帯電話やパソコンが子どもたちにも浸透していく中、ネットいじめが大きくクローズアップされるようになりました。ネットいじめはしばしば、次のような議論がなされます。

「今までのいじめと違って」、誰もが対象になりうる
「今までのいじめと違って」、陰湿化しやすい
「今までのいじめと違って」、加害者を特定しにくい
「今までのいじめと違って」、24時間追いかけてくる
「今までのいじめと違って」、転校しても追いかけてくる

このように、「ネットいじめは、従来のいじめと異なる新しい現象だ」という前提で、様々な議論が行われてきました。

2007〜2008年頃には、学校についての話題をネット上で行う掲示板「学校裏サイト」（私は「学校勝手サイト」と呼びます）が問題となりました。ネット上で、児童に対する中傷が、しばしば匿名で書き込まれるためです。実際には、「学校勝手サイト＝いじめの温床」というのは、一面的なイメージにすぎず、本来は「学校勝手サイトの裏化＝いじ

め等の発生」をいかに抑えるかという議論が必要でした。

しかし、メディア上で大きく取り上げられた結果、文部科学省は「携帯電話の学校への持ち込みを原則禁止」することを基本方針とすることを各小中学校に通達しました。その時の細かな経緯は、拙著『ネットいじめ』（PHP新書）に書きましたので、そちらを参照いただければと思います。

それから10年ほど経った今も、ネットいじめをめぐる議論の基本的なパターンは変わっていません。それがLINEいじめになろうが、SNSいじめになろうが、「今までのいじめと違う、大きな問題が起きている」という前提で語られます。

しかし、これらの言説は、大きな誤解をはらんでいます。これらについて、一つずつ説明していきたいと思います。

ネットいじめは特殊ないじめなのか

まず、ネットいじめは、誰もが対象になるという言説についての誤解を解こうと思います。第2章でデータで示した通り、いじめとはもともと、誰もが対象になるものです。ネットいじめだけがそういう特徴を持っているわけではありません。

また、ネットいじめを受けている人の多くは、リアルないじめも受けています。例えば、アメリカの研究では、ネットいじめを受けている人の9割以上が、リアルないじめを受けている、というデータがあります。また、同じ調査で、同性愛者の人はそうではない人の倍以上、ネットいじめの被害にあっている、ということも明らかになっています。

つまり、多くの人が被害者になりうるという点、同時にハイリスク層がより被害にあいやすいという点では、ネットいじめの傾向はこれまでのいじめの傾向と変わらないのです。

また、ネットいじめは特別陰湿化しやすい、という言説も、従来のリアルないじめ研究を整理し切れていないがゆえに生じる誤解です。いじめは、暴力系とコミュニケーション操作系に分類されます。ネットいじめはそのうち、コミュニケーション操作系の中の、「陰口を言う」「嫌なあだ名をつける」といったようなものと並ぶ、一つの類型と位置づけることができます。つまり、ネットいじめは、得体の知れない新しいいじめの形ではなく、コミュニケーション操作系のいじめの、一つのパターンにすぎないのです。

「書き込み型」と「メッセージ送信型」

そのネットいじめも、大きく二つに分類することができます。一つが「書き込み型」、もう一つが「メッセージ送信型」です（図8－1）。

書き込み型というのは、その名の通り、ウェブ上に誹謗中傷などを書き込むことです。

図8-1　ネットいじめの分類

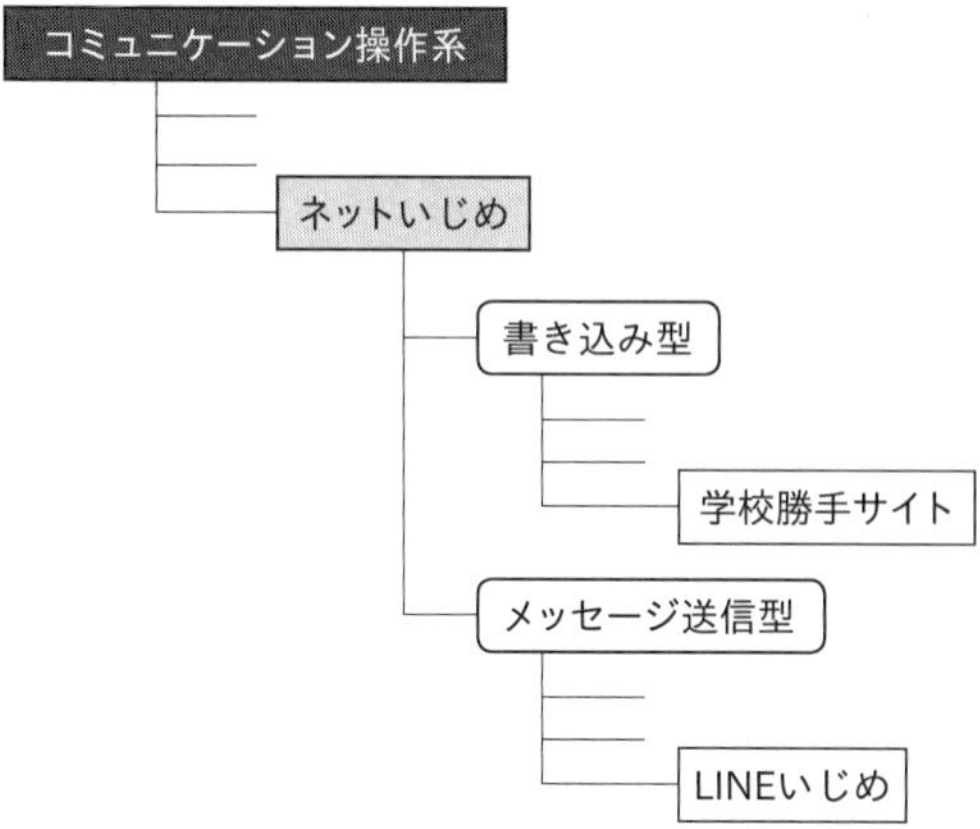

かつてであれば学校勝手サイトなどのサイトに書くこと、最近では、ツイッターやFacebook、2ちゃんねるなどに書き込むことで、個人への悪口を全世界に発信することなどを指します。

一方、メッセージ送信型というのは、ＬＩＮＥやメールなどで嫌がらせのメッセージを送ったり、メッセージを通じて誰かをいじめのターゲットにしたり、いじめ動画を拡散するなど、メッセージをやりとりすることでいじめを作り上げていくタイプのいじめのことです。メッセージ送信型は、ローカルな関係性の間で、いじめを固定化する行為として行われます。具体的に誰かを攻撃するという形でも使われますし、いじめ空間を温存するためにも使われます。

また、直接メッセージを送信しなくても、

「グループ外し」「裏グループの作成」などで、特定の人物をつまはじきにするパターンもあります。あるいは、同じグループに所属していても、特定の人物の発言だけをみんながスルーするということもあります。これらは、「仲間外れ」「無視」のネットバージョンだと言えるでしょう。

匿名性に対する誤解

ネットいじめは、その匿名性のため、加害者を特定しにくい、という言説もあります。しかし、これは大雑把《おおざっぱ》すぎる理解です。

まず、メッセージ送信型に関しては、送ってきた相手を特定できるケースがほとんどです。大半の中高生の場合、LINEのIDや電話番号は見知った相手にしか教えていません。なので、なりすましツールを使用されたケースや、嫌がらせメールを送るための専用アドレスを取得されたケース以外、相手は容易に特定することができます。

問題は、相手を特定できないことではなく、特定はできても刃向かえない、他の人に相談できない、という人間関係にあるのです。

書き込み型に関しては、書き込みが匿名で行われていた場合、メッセージ送信型と比べて相手を特定しづらいという事実はあります。しかし、それは特定が「不可能」であるということを意味しません。相手を特定したり、情報開示を求めたりするためには手続きが必要なので、タイムラグが発生するという問題はあります。しかし、しっかりと時間をかけて対応すれば、書き込んだ人を特定することもできますし、その書き込みを削除することも、被害者の相談に応じることもできます。

書き込み型についての相談を受けた場合は、書き込みが行われたサイトの管理人や投稿主に対して削除を訴える、プロバイダ会社に情報開示を求めるなど、一定の手続きを行う必要があります。そして、そうした手続きを踏むことによって、書き込みを消すことができること、書き込んだ人を特定できることを子どもに伝えていくのです。そうした対応を早期に行うことで、いじめ被害にあっている当事者の意識を「苦悩モード」から「解決モード」に変えることができます。

また、ネットいじめについては、匿名ゆえに「証拠が残りにくい」という意見もあります。しかし、実際には全く逆です。書き込み型もメッセージ送信型も、ログが残るので他のいじめと比べると圧倒的に証拠が残りやすいいじめなのです。メッセージ送信型であれば、キャプチャーをとる、メッセージを保存するという仕方で、証拠そのものは非常に簡単に手に入れることができます。教室で嫌なあだ名で呼ばれた、嫌な役割を押しつけられた、というような、証言をベースとしたいじめ以上に物証が残っているので、他のコミュニケーション操作系のいじめよりも証拠が残りやすいとさえ言えるでしょう。

しかし、その残った証拠を有効に活用できていないというのが、今の学校現場の現状なのです。

2つの匿名性

このように、ネットいじめ対策を進めていくにあたっては、ネットいじめを書き込み型、メッセージ送信型に分類したうえで、それぞれの対処法の違いをしっかりと把握していかなければなりません。

メッセージ送信型の場合は、必ずログを保存して、動かぬ証拠を保持しておくこと。書き込み型に対しては、削除要求や投稿者の特定、場合によっては訴訟を起こすなどのプロセスが必要になるということ。そういったことを、児童・生徒と一緒に、先生方も共有しておくことが非常に重要なのです。

ネットいじめの特徴として語られがちな「匿名性」に関しては、特定することが困難であるという意味での匿名性と、個人属性が見出しにくいという意味での匿名性の両面があります。そして、本当に注意しなければならないのは後者です。

いじめというのはもともと、「AさんがBさんをいじめる」という形で起こるものではなく、「クラスの雰囲気をこわした」「ルールを破った」といった理由のもとに「AさんがBさんを排除する」という形で行われることがほとんどです。つまり、むしゃくしゃしたからぶつける、というのではなく、仲間のルールに反したなどの大義名分をつくり、Aさんはその罰の執行者であるという仕方で行われることが多いのです。

このように考えると、従来のリアルないじめも個人属性が見出しにくいという意味で「匿名ではない」とは言えないことがわかるでしょう。集団の一員、道徳の代弁者というように、その都度形を変え、個人の良心などが匿名のベールに包まれるということが起こっています。

そういった匿名性をリアルでキャンセルしていくことが、非常に重要なことだと言えるのではないでしょうか。

リアルないじめ対策がネットいじめ対策につながる

ネットいじめに関しては、これまで様々な調査が行われてきました。ネットの浸透率やアプリケーションの発展などによって内実は変わりうるのですが、これまでの調査から、ネットいじめについても一定の傾向が明らかになっています（図8－2）。

まず一つ明らかにしておきたいのが、いじめられている人のうち、ネットいじめ「だ

図8-2　ネットいじめの被害経験

被害経験／ネット被害経験の有無（小学校）　（人）

		被害経験 無	被害経験 有	合計
ネット被害経験	無	361	531	892
	有	5	28	33
合計		366	559	925

被害経験／ネット被害経験の有無（中学校）　（人）

		被害経験 無	被害経験 有	合計
ネット被害経験	無	702	920	1622
	有	14	92	106
合計		716	1012	1728

被害経験／ネット被害経験の有無（高等学校）　（人）

		被害経験 無	被害経験 有	合計
ネット被害経験	無	900	418	1318
	有	56	102	158
合計		956	520	1476

出典：鈴木佳苗ほか「インターネット使用といじめ・暴力の関係性に関する研究」（2010）

け」を受けているという人は、そうではない人と比べて圧倒的に少ない、ということです。これは、先に示した大津市のデータでもそうでしたが、他の調査でも同様の傾向が出ています。

ネットいじめを受けている人は、その大半が、リアルな空間でもいじめを受けていることがわかっています。つまり、「ネットによって新しいいじめが生じた」のではなく、教室での人間関係がネット空間にも持ち込まれることによって、いじめがより広く展開されている、というのがネットいじめの正しい認識ということになります。逆に、学校では普通に仲良くしているのに、帰宅した途端、毎日「死ね」というメッセージが送られてくる、というケースは考えにくいでしょう。

このように、ネットいじめは実際の教室と地続きであるがゆえに、「ネットいじめだけ」の対処をしても仕方がありません。学校などでのリアルないじめの対処をすることが、ネットいじめの対策にもなっていくということが言えるのです。

報道で見逃されたこと

2007年、兵庫県の私立滝川高校に通っていた当時高校3年生の男子生徒が、ネットいじめによって自殺に追い込まれたとして、センセーショナルに報じられました。学校勝手サイトに中傷が書き込まれたり、所属していたフットサルサークルの掲示板に、下半身を裸にされた写真が載せられたりして、精神的に追い込まれていったという経緯がありました。これがネットいじめの恐ろしい点だと当時語られていました。

しかし、見逃してはいけないのは、そもそも下半身を裸にさせられた状態になっていたこと、その姿を携帯電話で写真に撮られていたという時点で、いじめが一定のラインを越えて発展していたということです。ここから、教室空間が、一定以上のいじめを肯定する空間になっていたことが見てとれます。これを見逃すと、いじめの本質を見落としてしまいます。

これは、これまで触れたように、エスカレーションの果てにネットいじめの攻撃的な側面に発展してしまったケースだということができます。

極端な話、ＬＩＮＥなどのツールで、その会話に含まれていない人の陰口を言っていたとしても、本人に危害が及ばないのであれば、そこに問題は生まれにくい。大人でも、ある程度の愚痴や陰口をこぼすことはあります。愚痴や陰口が、具体的な排除や攻撃につながらないのであれば、それは自由なものだと言えるでしょう。

ただし、その嫌悪の感情が、その空間や社会からの排除につながる行動に及ぶと問題となります。ネットという場が、感情の流出から排除行動につながったり、可視化されることによって、本人を追い詰めたりしてしまうことがありうる場であることは自覚される必要があります。ですが、もともとの教室空間の人間関係こそが、ネットいじめを生んでいることを忘れてはいけません。

つまり、ネットいじめ対策においても、ネットでのいじめだけでなく、教室空間で作られている人間関係を、より居心地のいいものに変えていくことが必要になってくるわけです。

ちなみに、小学校よりも中学校、中学校よりも高校のほうが、ネットいじめそのものは増える傾向にありますし、ネットだけのいじめも増えています。その理由としては、ネットに触れる機会が増えることに加え、高校になると、集団間のつながりが希薄化し、リアルでのいじめが減り、「ネットいじめだけで終わる」ケースが増えてくることが挙げられます。

ただ、ネットだけで終わるいじめだとしても、軽視してよいということは当然ありません。LINEの裏グループやグループ外しは、被害者にその集団の中に居場所がないと感じさせ、露骨に自尊心を奪ったり、その関係性を長期化させたりすることがあるからです。また、原清治「ネットいじめの実態とその背景」(『現代のエスプリ』2011年5月号、ぎょうせい)によれば、ネットいじめの被害と加害には相関関係があり、攻撃の応酬や連鎖になりがちな実情があることもわかっています。こうしたことから、ネット利用時の発信コントロールについての学習など、ネットに特化した啓発の必要性も否定できないものだと言えます。

ネットいじめと学校でのいじめ経験の割合

総務省の調査に、小中高校生の児童・生徒を対象に、リアルとネットそれぞれで実際に被害にあったいじめの種類を尋ねた調査があります。小学校のネットにおけるいじめ被害経験は、「自分の発言だけ無視された」というのが1・3%、「なりすましによって悪口を

図8-3　ネットいじめの被害経験と学校でのいじめの被害経験（小学生：上位５件）

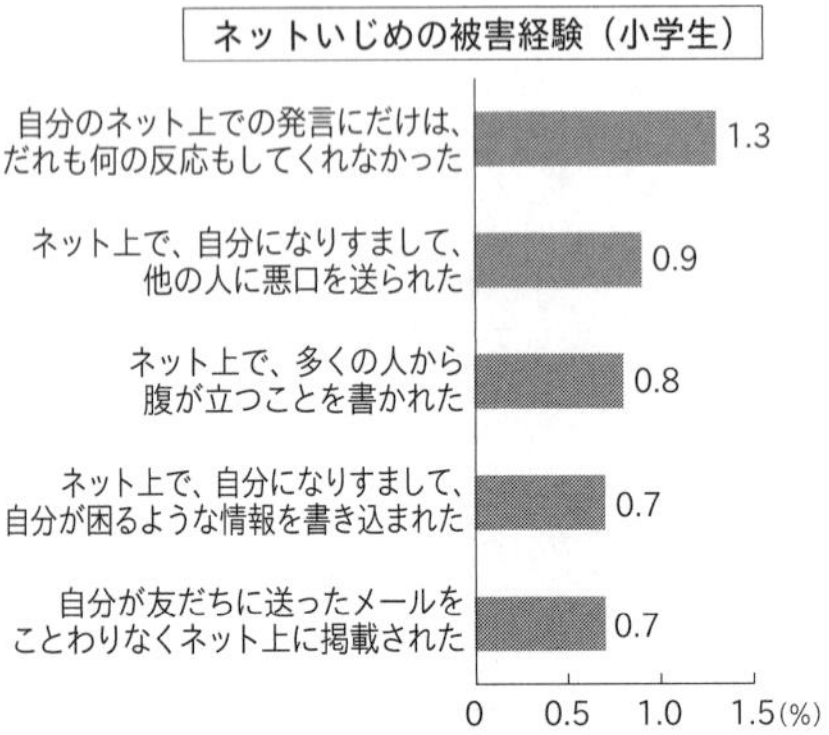

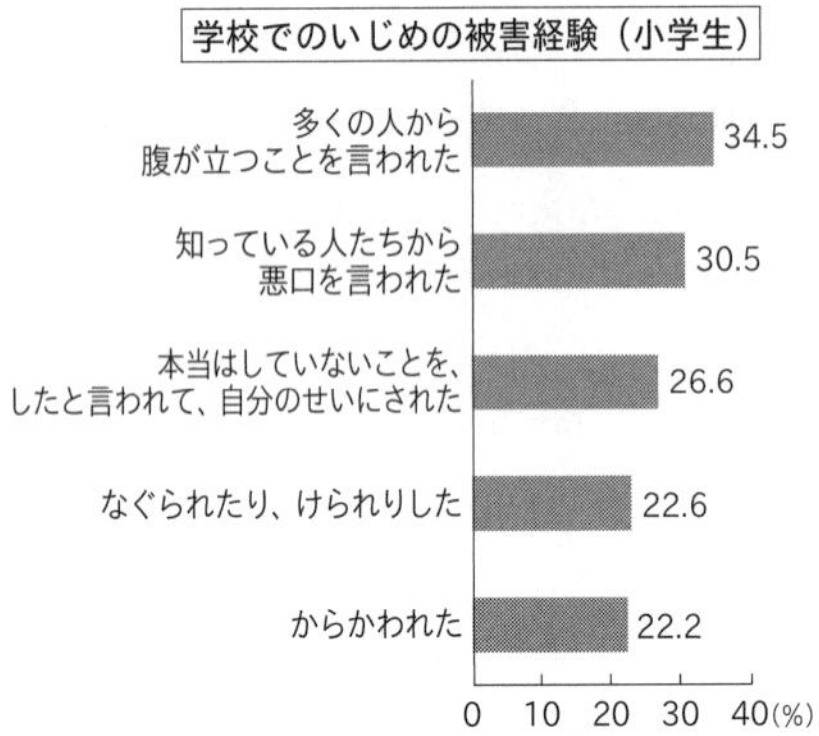

※ネットいじめの被害経験の有効回答者数は982〜984名、学校でのいじめの被害経験の有効回答者数は1,058〜1,062名であった

出典：鈴木佳苗・坂元章「インターネット利用といじめの関係性に関する研究」（平成23年）
総務省・安心ネットづくり促進協議会「インターネット上の有害情報による青少年等の社会性への影響に関する調査研究」（平成23年）より

図8-4　ネットいじめの被害経験と学校でのいじめの被害経験（中学生：上位5件）

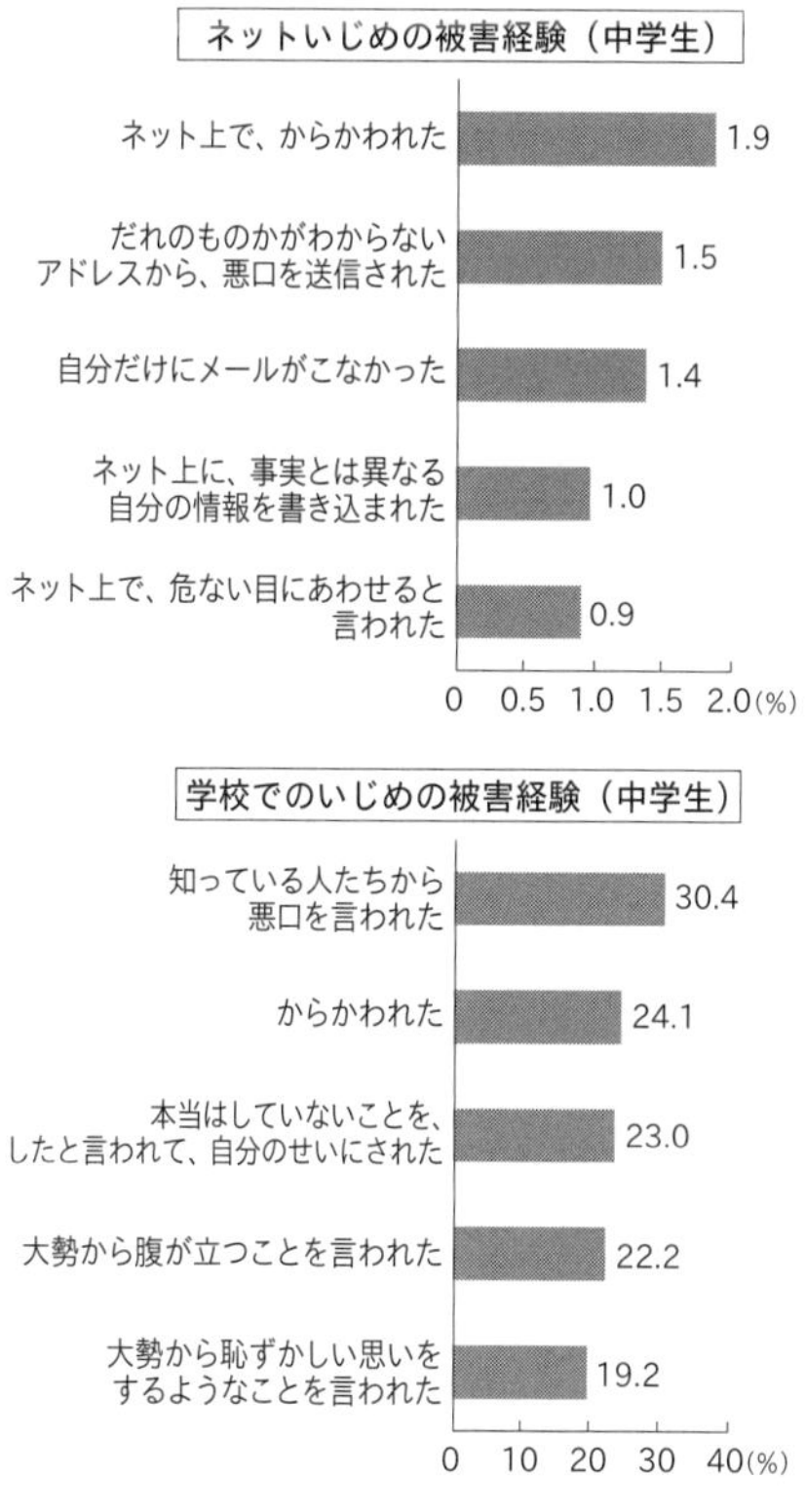

※ネットいじめの被害経験の有効回答者数は1,081～1,809名、学校でのいじめの被害経験の有効回答者数は1,947～1,953名であった

出典：鈴木佳苗・坂元章「インターネット利用といじめの関係性に関する研究」（平成23年）

総務省・安心ネットづくり促進協議会「インターネット上の有害情報による青少年等の社会性への影響に関する調査研究」（平成23年）より

言ったことにされた」が0・9％と、コミュニケーション上の行き違いや嫌がらせが目立ちます（図8－3）。一方で、学校でのリアルな被害経験を見ると、ネットいじめより学校での被害のほうがはるかに多く、小学校における基本的ないじめ対策はネットよりも教室のほうが重要であることがわかるかと思います。

中学校になると、ネットいじめの被害を受けた人の割合が少し増えます。内容を見ると、「メールで悪口を送信された」「ネット上でからかわれた」というように、教室空間での人間関係がネット空間に反映されている、という傾向がより強くなっています（図8－4）。

小学生は中学生と比べて、ネット上でコミュニケーションをとる相手が学校以外の人（ネット上で知り合った人など）であることが多いです。これは、小学校ではクラスの友達がまだネットをやっていない、という場合が多く、小学生のネット空間が、学校空間と関係が切れていることが多いからです。しかし、中学生、高校生になってくると、学校での人間関係が、スマホや携帯に反映されてくることが多いので、ネット空間を使ったトラブルも増えてくるというわけです。

高校生になると、「自分の画像を無断で掲載された」「自分だけにメールが来なかった」「ネット上でからかわれた」というように、嫌がらせだけではなく、もやもやした気持ちを生むような人間関係のストレスが、ネットいじめという形で発現しているということが

図8-5　ネットいじめの被害経験と学校でのいじめの被害経験（高校生：上位5件）

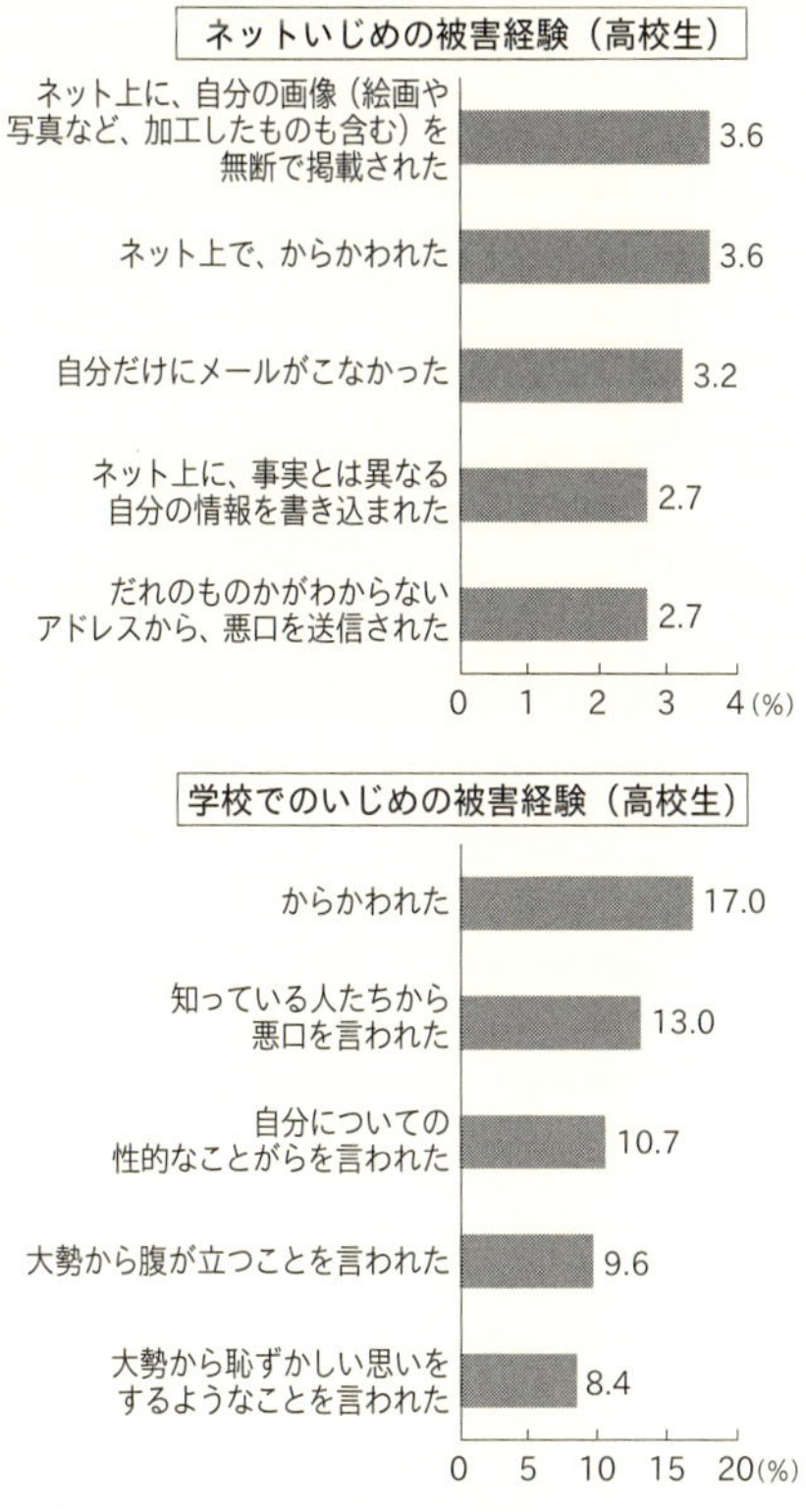

出典：鈴木佳苗・坂元章「インターネット利用といじめの関係性に関する研究」（平成23年）
総務省・安心ネットづくり促進協議会「インターネット上の有害情報による青少年等の社会性への影響に関する調査研究」（平成23年）より

わかります（図8－5）。これは、ネットいじめと言えるかどうかというと微妙な場合もあります。なぜなら、ネット上でのマナーや、自分の情報を管理する権利の行き届かなさにいらだちを覚えているだけという可能性もあるからです。こうした問題に対しては、ネット上の技術やモラルに関する講習を実施するなどの対策が必要になり、さらに加えて、ネット上の社会教育をしていくことが重要であると言えるでしょう。

なぜネットいじめをするのか

なぜネット上でいじめをするのか、ということを尋ねた調査があります。調査結果を見ると、「相手の反応を楽しむため」「相手も楽しそうだから」「良かれと思ってやった」「相手に悪いところがあるから」というような、いじめ加害者の典型的な言い訳が並べ立てられています（図8－6）。これも、リアル空間でのいじめに比べて何か新しい理由がある、と言えるようなものではありません。

ですから、これまでのいじめに加えて、ネットいじめの対策をしていくのであれば、ネットいじめ対策においても、技術的な対応のフローを一定程度理解する必要があります。具体的には、対応マニュアルを用意して、それに基づいていじめ対策をすると同時に、被害者に寄り添いつつ、加害者に対するヒアリングをしていくなど、従来のいじめと同じよ

図8-6　ネットいじめの加害理由の割合

（%）

	全体	男子	女子
相手も楽しそうだったから	50.5	50.0	51.0
仲の良い子がやっていたから	45.2	43.0	47.0
相手によかれと思ってやった	41.9	44.2	40.0
なんとなくイライラしていたから（ストレスがたまっていた）	43.0	39.5	46.0
からかいがいがあるから（やったらおもしろい、楽しい）	52.2	52.3	52.0
相手に悪いところがあったから	50.0	50.0	50.0
相手が先にからんできたから	50.5	50.0	51.0
自分も参加しないと同じようなことをされると思ったから	17.2	22.1	13.0
なんとなくやらなければならないような雰囲気になっていたから	26.3	30.2	23.0
相手よりも上に立ちたかったから	25.8	30.2	22.0
相手が嫌いだから（相手にむかついたから）	48.4	46.5	50.0
相手が苦しんでいるのがおもしろかったから	25.3	31.4	20.0
相手の反応がおもしろかったから	45.7	50.0	42.0

出典：鈴木佳苗ほか「ネットいじめの加害経験者におけるネット利用の影響」（2012）

図8-7　加害者特定の可否

特定できた	ほぼ特定できた	あまり特定できなかった	まったく特定できなかった
50.0%	29.2%	8.3%	12.5%

うな対応を確認しておくことが必要でしょう。

前掲の原論文（195ページ参照）によれば、ネットいじめの被害者に対し、誰が加害者か特定できたかどうかを尋ねたところ、およそ8割の被害者が「特定できた」「ほぼ特定できた」と答えています（図8－7）。これらの被害者全てが、誰かに相談したわけではないということを考えれば、大人に相談し、対処してもらえれば、より「特定できた」の率を上げることができるのではないかと考えられます。

ネットいじめの「加害者の特定」や「削除の要求」などは、技術的な問題です。他方で、当事者が書き込みを元に被害を訴えてきた場合、それに対してどのようにケアするかは、通常のいじめ対策とさほど大きく変わりません。そうしたケアを持続しつつ、ネット利用に関する適切なルールを教室で作り上げていくことが大切になると言えるでしょう。

対策と課題

ネットいじめは、それぞれのデジタルデバイスを使って行われます。そのため、被害者は、これはあくまで個人的なコミュニケーションの問題であるとして周囲に相談することを控えたりしがちです。また、P・ストロムほか「ネットいじめ」（ABMリポート、2003）では、デジタルデバイスを取り上げられる、規制されることを恐れるために、親にネットいじめなどのトラブルを報告することを控える傾向も指摘されています。さらに、安藤美華代「中学生における『ネット上のいじめ』に関連する心理社会的要因の検討」(学校保健研究、2009)では、保護者の関心が低い生徒は、ネットいじめ被害にも加害にも関わりやすいことが指摘されています。ネットを個人の問題として切り離さず、親子関係も踏まえたうえでネットいじめについて考える必要があると言えるでしょう。

次に、教室内外における価値観の差異についてです。ネットいじめは、基本的にはここまで見た通り、クラスなどの人間関係の延長線上で行われます。ですから、教室での対策が重要となるのが前提です。黒川雅幸「学級雰囲気および学級規範が電子いじめ加害行動に及ぼす影響」(福岡教育大学紀要、2011)でも、まじめ、まとまりがある、落ち着きのあるといったクラスではネットいじめを含むいじめ全般が少ないことが示されています。

他方で、ネットいじめはクラスの雰囲気とは独立して行われていることも指摘されています。つまり、クラスではいじめに対して否定的な児童であったとしても、クラスから離れると加害を行うことがあるということです。この事実は、生徒に対して、ネットの利用といった技術的作法を伝達する必要があることのみならず、「学級的価値観」だけではなく「市民的価値観」を伝えていく必要もあるという課題を突きつけます。教師だけでなく、保護者や地域の大人が、ネットを含めた学校外での振る舞いをいかに介助するかが問われてくるのです。

またネットから話はそれますが、原は前掲論文で、学力上昇が見られる児童がいじめ被害にあいやすいことを示しています。学力が低かった児童が、短期間で高くなった場合、いじめ被害にあいやすいというのです。これは、該当児童が塾などに通ってそれまでの付き合いを清算しようとしたり、学力が上昇したことでやっかみの対象になったりすることが理由として想像されます。これまた、子どもたちへのストレスケアの重要性を窺わせる調査結果だと思います。

ネットいじめへのサポートは、「ネットの知識がない職員にとっては難しい」という声もよく聞きます。しかし、まず大人がすべきことは、被害者へのケアと、教室空間の見直しです。また、技術的な対応策はマニュアルから学べますし、ログやキャプチャーの保存、削除申請のやり方などは、詳しい人に聞けばわかります。

技術的な学習については、例えばＬＩＮＥ株式会社が、静岡大学などと開発したワークショップ教材をウェブ上で無料配布していたり、docomoなどの携帯会社が、テキストの配布や出張授業などをしていたりします。ＩＴやＳＮＳをただ遠ざけるのではなく、「わかる人につなげる」「詳しい人に教えてもらう」、そうした役割を果たすことも大事であると知ってほしいと思います。

第9章

教員の課題と「いじめ防止法」

日本の教員は働かされすぎている

本章では、いじめ対策について考える際に重要な、教員の役割について触れていきます。しかし、個別のノウハウなどについて触れる前に、日本の教員が置かれているマクロな状況というものをまずは共有しておかなければなりません。

他の教育問題にも共通していることですが、日本の教師の多忙化が深刻になっており、このことが様々な歪みを生じさせています。ベネッセが行っている調査結果を見ると、ここ20年間で教師の労働時間が大幅な増加傾向にある一方で、睡眠時間は減少してしまっています（図9－1）。

このように、過労になり、睡眠時間が削られると、ストレスを抱えたまま働き続けることになります。そうなると、どうしても集中力も落ちますし、丁寧な指導などができなくなり、「不機嫌な振る舞い」をする機会も増えてしまうでしょう。

行政が「〇〇改革」とうたう際には、合理化や民営化といった具合に、より効率的に無駄な作業を手放すことを強調することが多いようにも思いますが、こと教育改革・教育再生といった言葉になると、あれもやろう、これもやろうと加算式の思考で議論が続いてしまいがちです。

図9-1　出勤時刻・退勤時刻・学校にいる時間・睡眠時間（平均時間、経年比較）

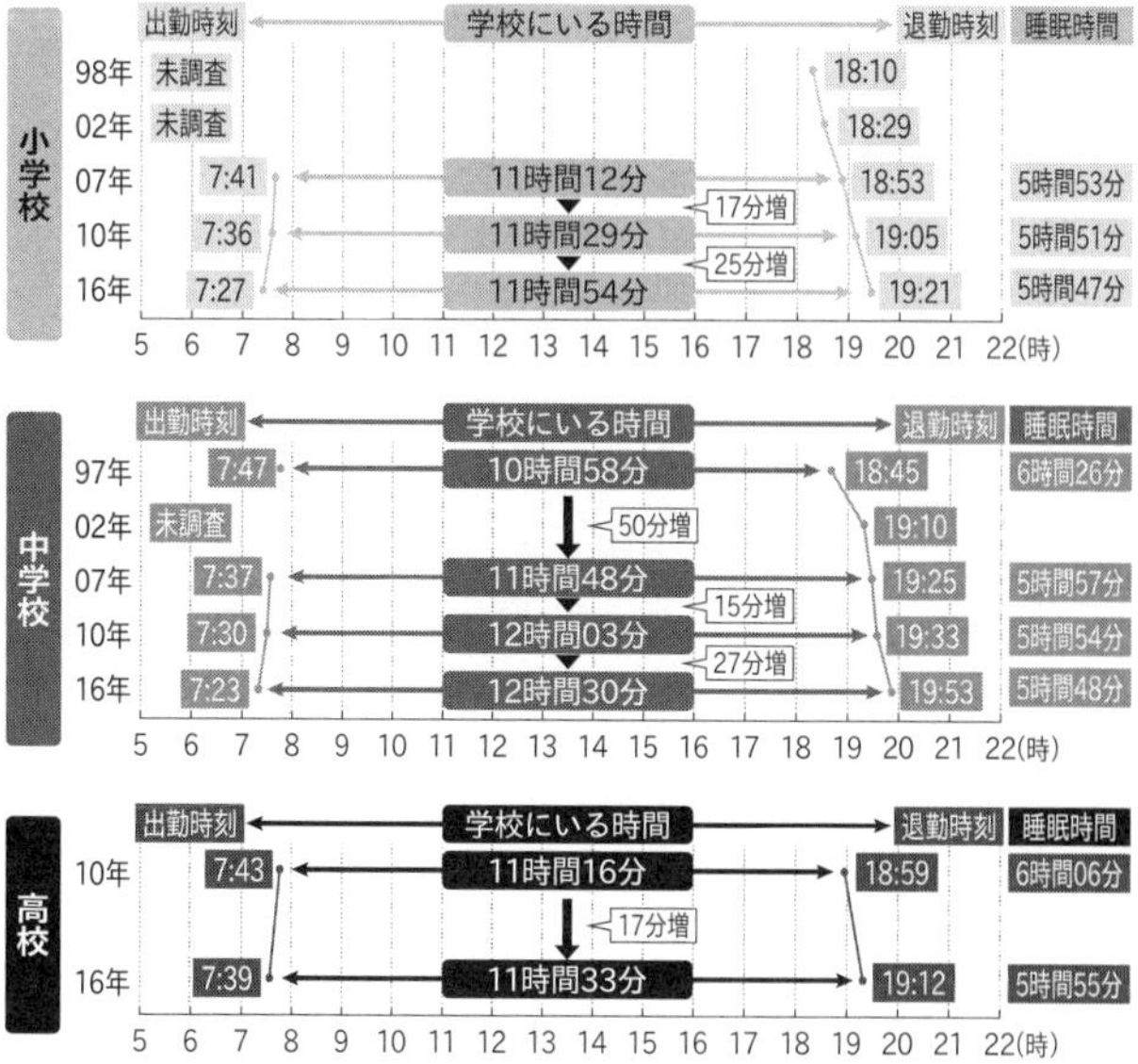

出典：第6回「学習指導基本調査 DATA BOOK（高校版）」（ベネッセ教育総合研究所、2016）

　文部科学省が設置した「教職員のメンタルヘルス対策検討会議」のレポートによれば、１９９０年代から２０１０年代にいたるまで、教員の病気休職者の割合は増加傾向が続いており、その背景には残業時間の増加、業務量の増加などがあることが指摘されています。また、上司や同僚に相談がしやすい職員室ではストレスが低下すること、各クラスへの対応に校長が進んで関わる学校ではメンタルヘルス不調が生じにくいこと、学校規模が大きい程ストレスが強くなること、他の世代よりも40代、50代の教員に校務が集まりやすく、その分ストレスも強くなりがちであることなども指摘されています。

そうしたことから、教師へのセルフケア方法の伝達や相談体制の確立、研修の実施や校長らによるバックアップなどが提言されています。ただし、こうした報告書にはよくあることなのですが、「マンパワーの増員」には触れられていません。これは大きな問題だと言えるでしょう。

OECD国際教員指導環境調査

教員の働き方について、国際比較データも参照してみましょう。TALIS（OECD国際教員指導環境調査）のデータによれば、日本の教員は、他国の教員と比べても働きすぎていることがわかります。

日本とそれ以外の国とで、大きく異なる点に着目したグラフを用意しました（図9－2）。日本の教員も、指導時間や教育相談といった点では、他の参加国と労働時間において大きな差はありません。では、どこに時間を使っているのか。

特に目立つのが部活動の時間。それから一般的事務、学校運営など、教科指導などではないところに時間を取られていることがわかります（図9－3）。

図9-2　教員の1週間あたりの仕事時間（1）

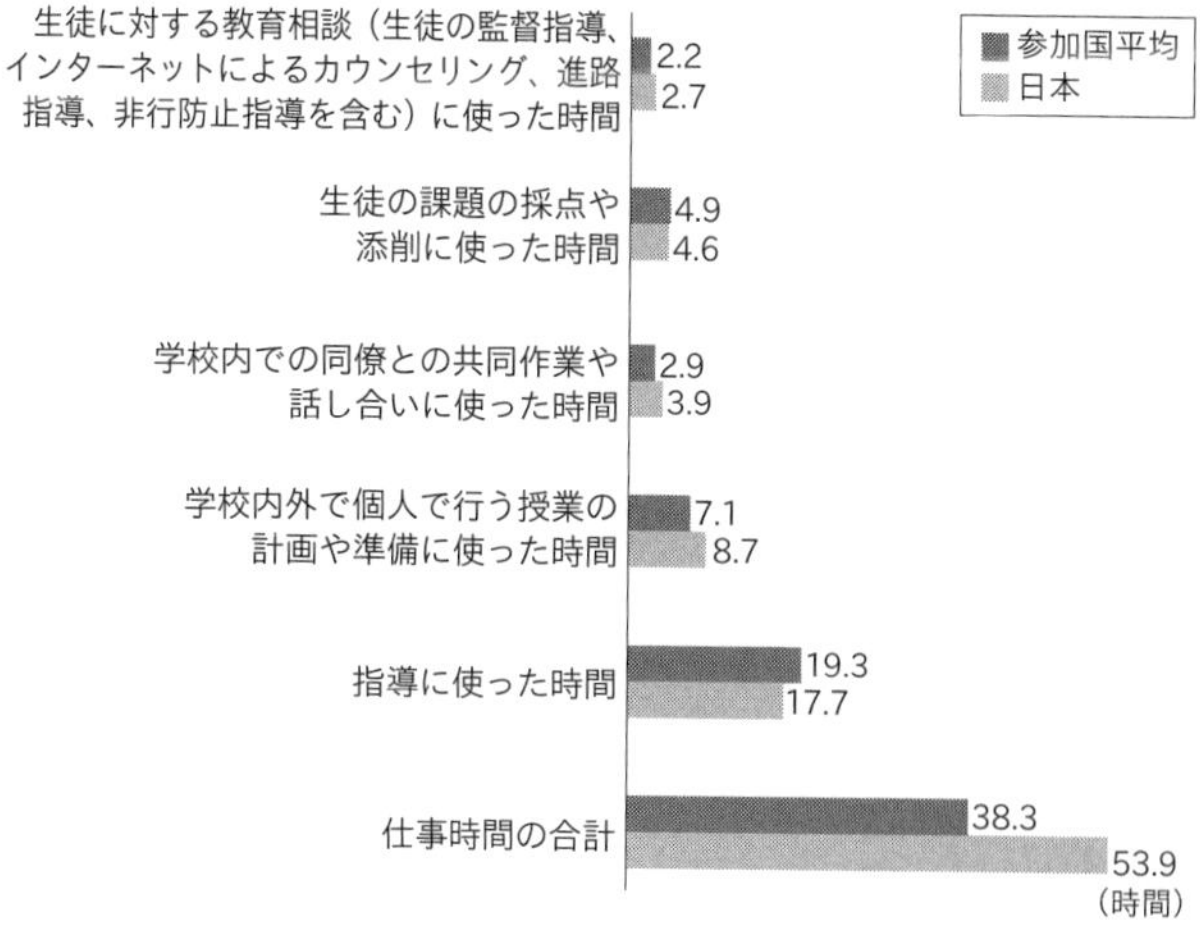

図9-3　教員の1週間あたりの仕事時間（2）

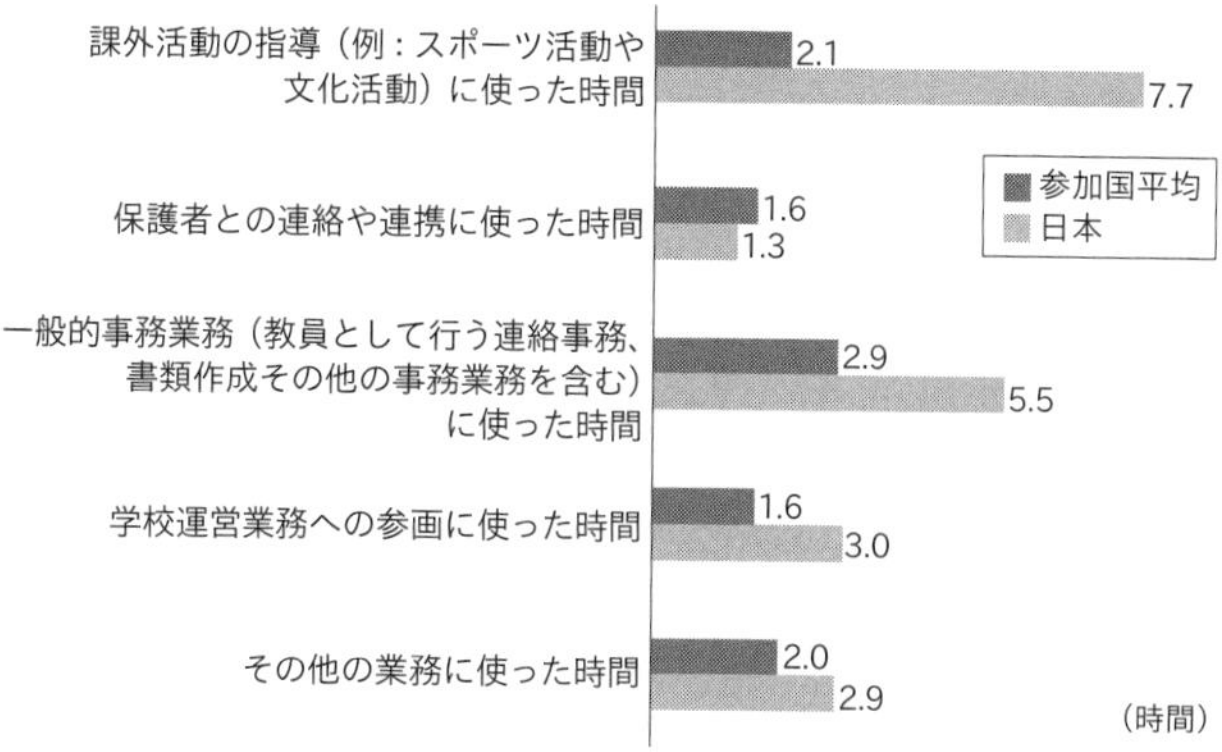

日本の学校の部活動が他の国と比べて独特であるという点は、中澤篤史『運動部活動の戦後と現在』（青弓社、2014）に詳しく記されています。また、その法的な曖昧《あいまい》さゆえに、独特の習慣が共有され、加熱しやすく、それゆえに事故も起きやすいという実態も、内田良『ブラック部活動』（東洋館出版社、2017）など様々な著作で指摘されています。

TALISでは、各国の教師が認識している実践課題についても調査しています。例えば「生徒が授業の内容をみんな理解したことがわかってから次に進む」「学習が困難な生徒、速度が速い生徒には、それぞれ異なる課題を与える」の2項目ともに、他の国に比べて、日本の教員は「ほとんどできている」「しばしばできている」と回答した人の割合が低くなっています（図9-4）。ここから、学習指導要領に基づいた一斉授業方式を採用しながら、全体の理解にあわせて進行することが難しく、個別対応もできていないという問題が見えてきます。また、ICTやアクティブラーニング、長期課題を与えるといった点でも、改善が必要だということがわかります。

2＋α制度

日本の様々な教育問題の根幹には、教員の過剰労働、現場の人員不足があります。そうした問題の解決策として、しばしば「少人数学級」が提案されることがあります。これ

図9-4　各課題において「ほとんどできている」「しばしばできている」と回答した教員の割合

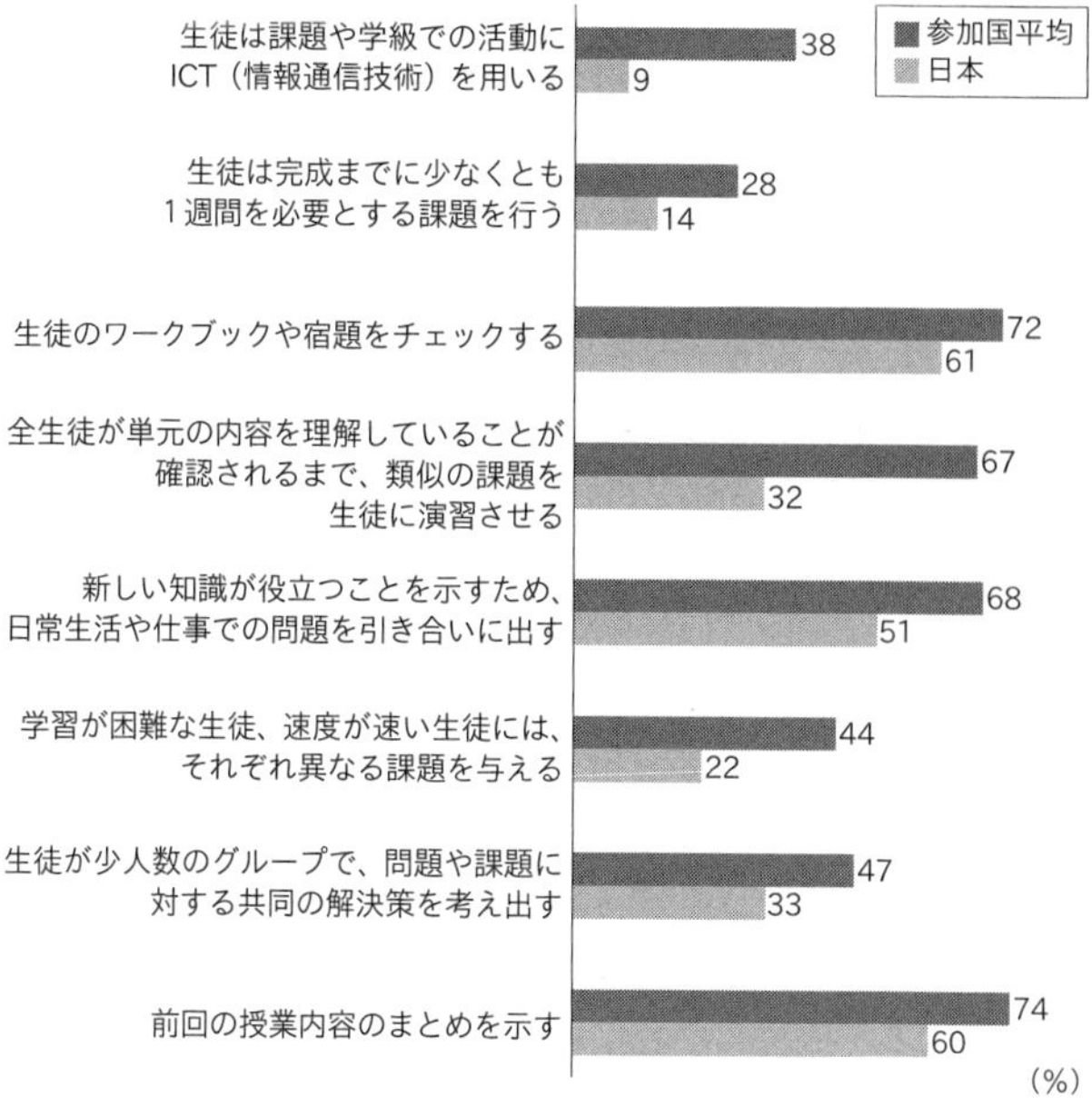

は、問題解決につながるのでしょうか。

いじめを減らすため、あるいは学力を向上させるために、「少人数学級」を導入すべき、という意見はよく聞きます。ただし、森田洋司ほか『日本のいじめ』などでも指摘されているように、実際には少人数学級にしたからといって、子どもの学力が向上したり、いじめが減少したりといった、直接的な効果は見られていません。すなわち、「少人数学級〈だけ〉」では解決しないということです。

〈だけ〉とあえて強調したのには理由があります。少人数学級にまったく意味がないかといえば、そうではないからです。

ＯＥＣＤ調査によると、日本は他国と比べて、「教員一人当たり」で見る児童の数が多いことがわかります（図９－５）。つまり、教員一人でたくさんの生徒を見なくてはならない状況にあるということです。

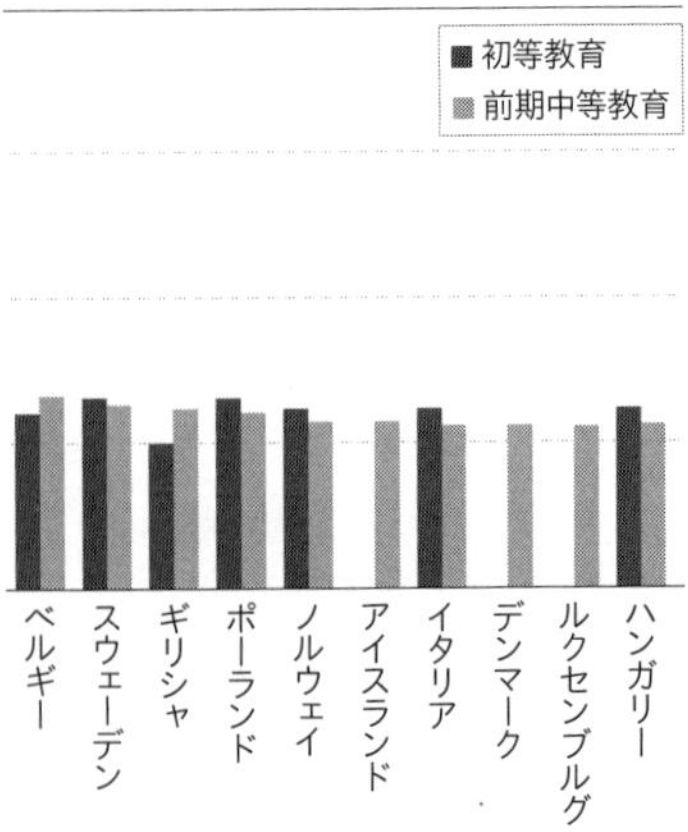

教職員の組織である全日本教職員組合の調査によれば、少人数学級とそうでない学級を比べた場合、少人数学級のほうが、教師の残業時間が減り、睡眠時間が増えることがわかっています。しかし重要なのは、それでも時間外勤務が多い実態は変わらないということです（図９－６）。あまりにタスクが多すぎる現状では、教員一人当たりが担当する人数が少なくなったからといって、生徒と向き合える時間がただちに増

図9-5　教員1人当たりの児童数

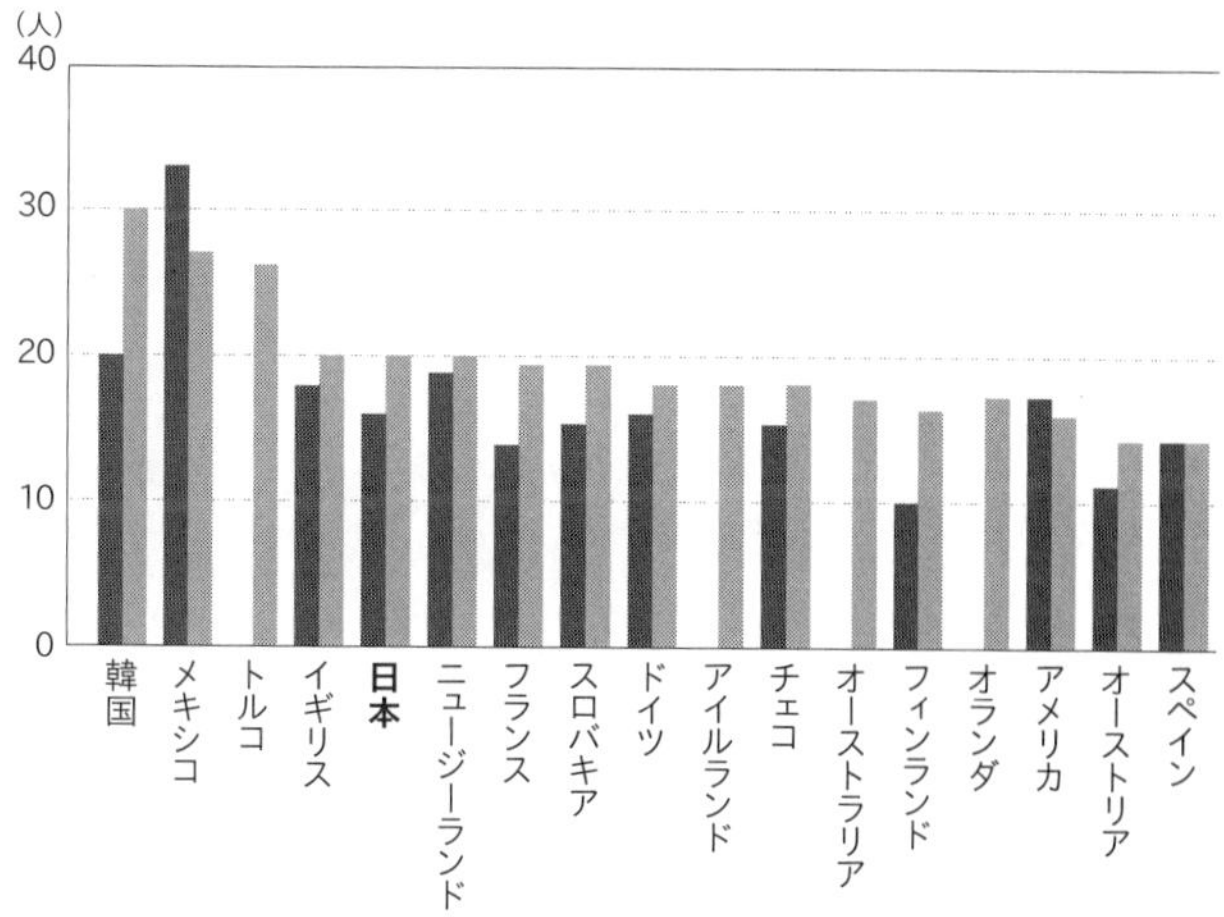

出典：OECD「図表でみる教育2005」

図9-6　学級規模別の時間外勤務時間（月間）

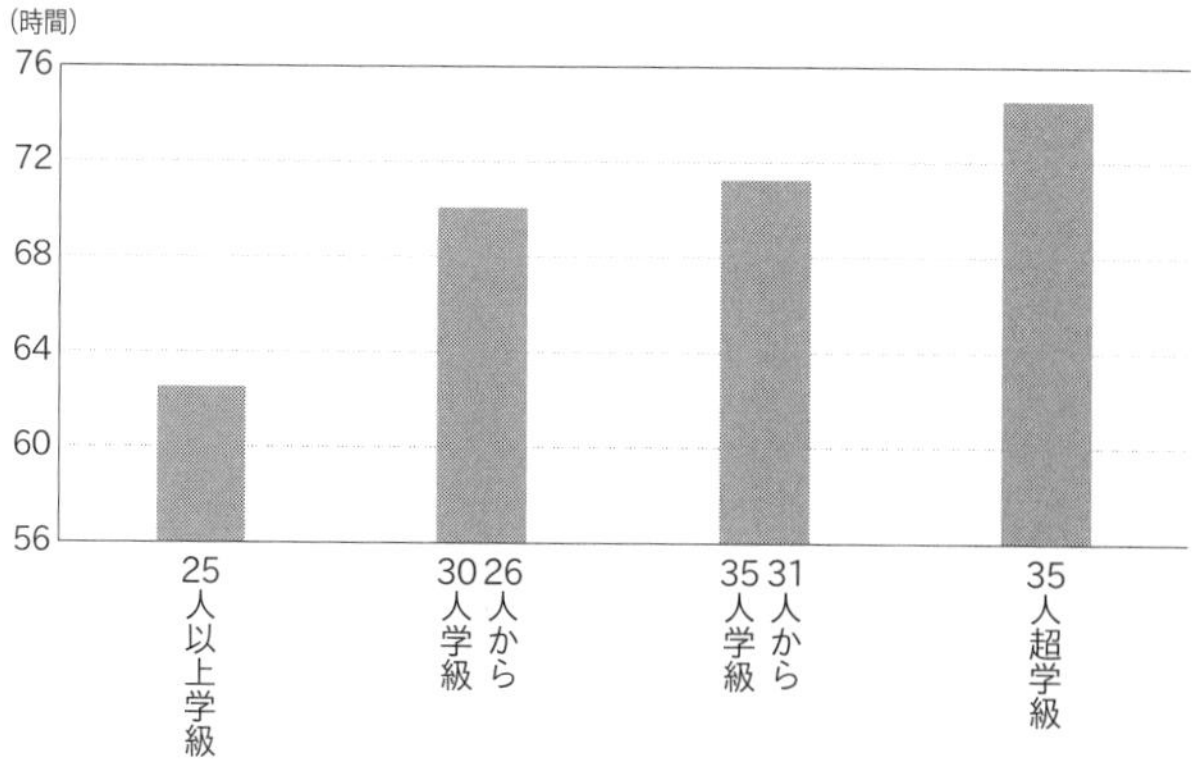

出典：全日本教職員組合「勤務実態調査2012」

えるわけではありません。

ではどうすればいいか。最低限、すべきことというのはわかります。日本の教員は働きすぎているので、業務量を減らす。そして一人当たりが担当する児童が多すぎるので、教員の数を増やして分散する。この二つです。そもそも日本は、他国と比べて教育費の公的支出が少ない国とも指摘されています。

私は、「2＋α制度」というものを導入してほしいと考えています。2というのは担任の先生の数です。「副担任制度」ではなく「複数担任制度」にして、教室の前で授業する教師と、机間巡視しながら指導する教師に分ける。机間巡視する教師は、欠席から戻った子、特定教科が苦手な子、転校生などの個別対応をするようにするのです（図9－7）。

発達特性によっては、落ち着きにくかったりする子もいます。逆に、時折廊下に出れば落ち着く、という子もいるでしょう。いろんな児童・生徒がいて、その生徒個別に指導する先生と、全体を見る先生。こうして二人を用意したうえで、さらに「＋α」として、介助役やボランティアなどのスタッフを確保するのです。

複数担任制や、「1＋α」を実践している地域などはあります。大津市でも、複数担任制や発達支援の仕組みをなんとか導入したため、「2＋α制度」を導入しているとも言えます。

図9-7　GDP比総教育支出

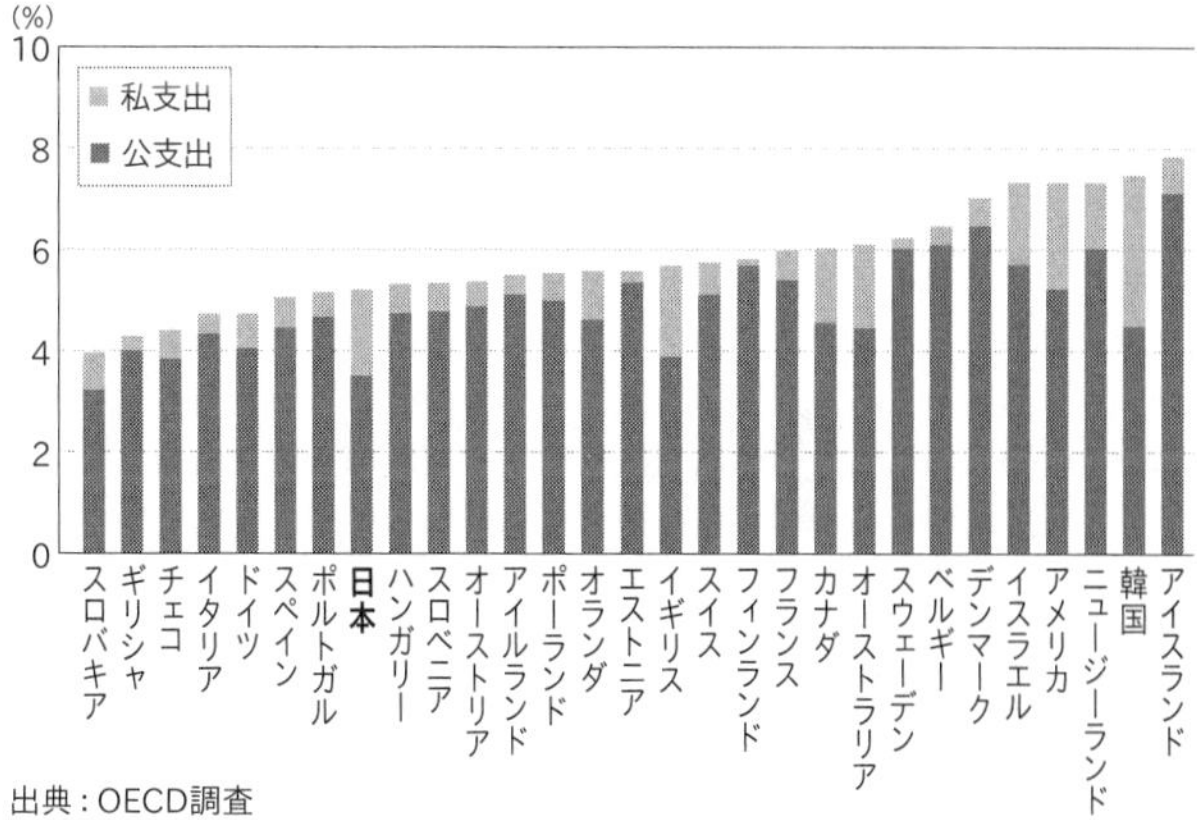

出典：OECD調査

しかし、自治体独自の取り組みでは、予算が少ないため、特定の学年でしか導入できないという実情もあります。それでも、例えば進学時に壁を感じやすい中学1年生や、コミュニケーション上のトラブルが発生しやすい小学校高学年時などから行うなど、問題が起こりにくい環境を作るために、一歩ずつ導入することは可能でしょう。

いじめ対策という観点でいえば、いじめが最も発生しやすい「休み時間の教室」を、サポートの空白地域にしないということが重要です。授業中でも、二人以上の先生がいれば、一人が緊急対応していても、もう一人が授業を進行することができるでしょう。

一人の大人が教室を「支配」していると、理不尽指導や体罰、スクールセクハラと呼ばれる性暴力など様々な問題が生じやすくなります。「2＋α制度」には、そうした「担任の独裁者化」の抑止としての効果も見込めるのです。

学校の先生にサバティカル制度を

改めて考えると、学校というのは不思議な空間です。一教室に複数の先生がいる学校というのは、海外でも、じつは珍しいものではありません。日本でも特別支援学校では、教室に複数の先生とボランティアがいることが普通にあります。保育園や幼稚園、こども園などもそうです。

むしろ不思議なのは、保育園や幼稚園、こども園では、子どもたちのトラブルを前提として、個別にコミュニケーションの手助けを行うのに、小学校になった途端、そういった個別のコミュニケーションがなくなり、全体指導に切り替わることです。

輪に交らない子がいたら「いまはこういうことをしているんだよ」と導く。喧嘩《けんか》している子がいたら、二人の間に入ってそれぞれの言い分をじっくり聞きつつ、「叩いたりするのはよくないよね」と言い聞かせる。5歳まではそうした教育を行っているのです。しかし、小学校に入って始まるのは、怒号と懲罰が飛び交う集団教育です。

こうした教室に、例えば発達障害の児童はなかなか居心地の良さを感じられません。いや、ほとんどの児童がそうでしょう。マイノリティに優しい社会や制度、マイノリティがご機嫌に過ごせる社会を考え、そこに合わせて制度設計を変えていくことで、実は全体の制度をより良くしていくヒントも得られるのです。

教室に二人先生がいれば、片方の先生が熱を出して倒れても、もう一人がいるので、自習時間にしなくてもすみます。産休や育休も取りやすく、労働環境としてもより良くなります。

さらに言えば、大学の教授のように、学校の先生にも「サバティカル制度」(研究休暇制度)が導入されると嬉しいと思います。5年に1回、半年ほどの研修制度の権利を与え、最先端の教育の方法論や知識を得るために国内外の研修に参加する機会を設けるのです。普段の授業の間を縫って、こうした研修に参加することは不可能です。学校の先生にもこういった制度があれば、より「ご機嫌な教室」を作りやすくなるのではないでしょうか。

教師は積極的に「フレーム外し」を

こうした、教師の労働問題に最初に触れたのは、ただ単に「いじめ問題をこのように改善してほしい」という点だけを主張すると、さらに教員の多忙化につながる可能性があるためです。また、現場の先生を叩くことに加担したくないという理由もありました。現場に、より多くの「生産」を求めるのであれば、それに見合った「出資」が必要になることを忘れてはいけません。

そのうえで、教師はいじめ対策でどのようなことをすべきか。これまで論じてきたように、教師自身がストレッサーにならないようにしつつ、様々なストレスを取り除く側になること。「ご機嫌な教室」を作ることを意識し、いじめの予防・早期発見・早期対応に努めることが重要です。

より多くのいじめを把握するためには、教師自身に「フレーム外し」が求められます。フレームとは、アメリカの社会学者E・ゴフマンが用いた概念で、ある行為に対して社会的に与えられる解釈枠組みのことです。例えば、人と人とが殴り合っていたら、通常はそれを問題視するでしょう。しかし、子ども同士が殴り合っていた場合、「いじり」「ふざけ」「プロレスごっこ」なのだと解釈されることがある。これは、学校空間や子どもに対する観察者側に、独特のフレームが定着していることを表しています。

そこで必要なのは、そうしたフレームから抜け出し、市民社会の論理と当事者感覚を導入することです。大人であればハラスメントと呼ばれる行為を、子どもであればいじめ、あるいは、ふざけやじゃれ合いと呼ぶのはおかしなことです。そのような独特のフレームを自覚し、矮小化しないこと。市民社会でしてはならぬ行為であれば、子どもの行為であったとしても敏感に対応すること。そして、その行為の意味を、被害を受けている子どもなどとコミュニケーションしながら組み立てていくことが必要です。

いじめは加害者が100パーセント悪い、とよく言われます。これをより正確に言えば、「様々な事情があったとしても、暴力という行為に出た以上は、その行動は否定されなくてはならない」ということです。被害者・加害者双方に、それぞれの言い分や要因があったとしても、暴力行為やハラスメントは許されない。そうしたことを伝えながら、子どものフレームを外していくことが、大人の大事な役割なのです。

発展し続ける「授業づくり」

現行の教育制度のもとでは、担任教師の機能はとても重要です。担任の振る舞いによって、その教室が荒れたり、いじめが増加したりすることがあるからです。だからこそ、理不尽な仕方ではなく、合理的な仕方でリーダーシップを取りながら、いじめに対する防止規範のある学級雰囲気を形成し、個別の児童・生徒のストレスを除去していくことが必要になります。

そのためには、小さな試みを積み重ねていかねばなりません。例えば、大津市のある中学校では、教室の前半分には掲示物を一切貼らないという配慮を取り入れました。これは、発達障害のある生徒が、視覚情報をうまく処理できないことから「注意散漫」になってしまわないように、「不必要な掲示物」を減らすという試みです。

いじめ対策のために、ロールプレイング授業を行う教室もあります。いじめ被害者の「痛み」への想像力を育むことが、いじめ抑止にもつながるからです。その際には、加害者にならないようにとただ注意するだけでなく、通報者やシェルターといった役割を伝えることも重要です。

こうした様々な取り組みが行われると同時に、授業づくりをいかに行うかについての様々な研究も進められてきました。最も有名なものは、「オルヴェウス・いじめ防止プログラム」でしょう。同プログラムについては解説書なども多く出されています。これは、学校の反いじめ機運を高めるために、生徒を主体に学校や地域が連携し、いじめ対策のシステムづくりを行っていくことで、いじめの減少に寄与しようとする取り組みです。

このほかにも、様々な取り組みが存在します。生徒同士が、時に学年や学級を超えて、なめらかな信頼関係を構築しながら支え合っていくように促す「ピアサポート」の取り組み。いじめ対策を積極的に行う生徒チームを形成する「スクールガーディアン制度」。生徒がストレスをコントロールし、加害行為以外の仕方で吐き出せるよう教育する「アンガーマネジメント」「ソーシャルスキルトレーニング」「コーピング」。こうした取り組みに対

図9-8　いじめ問題の発生機序の段階区分

発達年齢	6〜9歳頃	9、10〜11歳頃	11〜14歳頃	14〜17歳頃
段階区分	段階1	段階2	段階3	段階4
自我・社会性	他者との相互関係の一方向的な理解。大人の意見や視点をそのまま取り入れる「他律的道徳」	仲間集団内での「仲間の掟」の誕生と「形式的平等」の道徳。「自己客観視」の成立	同性の友人との親密な関係性の創造。地下組織的な様相を持つ「私的グループ」の誕生	思春期の「価値的自立」のエネルギーの誕生に伴う、大人の価値観の転倒ないしは相対化
主要ないじめの特徴	一人の「悪い」とされた子どもへの複数による攻撃。本格的な集団いじめは未成立	「仲間の掟」に違反する子どもへの制裁的ないじめ。「異質性の排除」としての集団いじめ	「似たもの同士のいじめ」。「いい子」のいじめ、「いい子」へのいじめの本格化	「価値観的な呑み込まれ状態」による自我内部の葛藤。抑圧、解離によって生じるいじめ

する専門書や概説書が多く作成され、実際にストレッサーの減少や早期発見の取り組みに活用されている事例もあります。

楠凡之《くすのきひろゆき》が「少年期のいじめ問題の発生機序と教育指導」（心理科学、1997）において、発達や自我の獲得、集団形成パターンの違いによって、いじめの形式がどのように変化していくのかという類型化を試みています（図9－8）。これを見ると、小学校低学年のいじめと、中学生や高校生のいじめとでは、質的な違いが見られることがわかります。学習した「正解」を振りかざして責めるいじめから、仲間内の「オキテ」に基づいて嗜虐的に行われるいじめ、あるいは妬みや価値観の異なる他者への反発から行われる攻撃など、発達に応じていじめの形が変わっていくのです。

となれば、いじめへの指導も、「ちくちく言葉はやめようね」という声がけから、「市民社会のルール」をしっかりと学級で共有するようにする指導に、生徒の発達段階に応じて変化させていくことが必須になります。学習指導研究や発達心理の分野では、こうした発達段階にあわせた指導方法の研鑽《けんさん》が日々行われているのです。

いじめ防止対策推進法

現場でいじめ対策を行う際には、現在の日本では前提としていじめ防止対策推進法（以下、いじめ防止法）の趣旨を理解する必要があります。その趣旨を簡単に説明しましょう。

この法律は、２０１３年9月28日に施行されました。日本でいじめが社会問題になってから30年以上の時間が経ち、ようやく制定されたいじめ対策の基本法です。きっかけは、滋賀県大津市で起きた中学生の自殺事件でした。この事件を受け、２０１２年の衆議院選挙では、どの党もいじめ対策の充実を政策の中に盛り込んでいました。そんな中、選挙前の民主党政権下の頃から、超党派の議員が議員立法として同法を作成していました。

２０００年代頃から、アメリカの各州やカナダ、韓国などをはじめ、世界各国で様々ないじめ対策の法律や州法が作られています。それぞれの国で、いじめ被害者による銃乱射事件や同性愛児童のいじめ自殺など、悲劇的な事件が起きたことを受け、いじめ対策に制度として取り組む動きが広がってきているのです。
日本のいじめ防止法も、国を挙げて正面からいじめ問題に取り組むこととし、国、市町村、学校のそれぞれに対して、いじめの防止等に取り組むことを求めています。では、少し長くなりますが、重要な条文だけ抜き出して見ていきましょう。

第一条　この法律は、いじめが、いじめを受けた児童等の教育を受ける権利を著しく侵害し、その心身の健全な成長及び人格の形成に重大な影響を与えるのみならず、その生命又は身体に重大な危険を生じさせるおそれがあるものであることに鑑み、児童等の尊厳を保持するため、いじめの防止等（いじめの防止、いじめの早期発見及びいじめへの対処をいう。以下同じ。）のための対策に関し、基本理念を定め、国及び地方公共団体等の責務を明らかにし、並びにいじめの防止等のための対策に関する基本的な方針の策定について定めるとともに、いじめの防止等のための対策の基本となる事項を定めることにより、いじめの防止等のための対策を総合的かつ効果的に推進することを目的とする。
第二条　この法律において「いじめ」とは、児童等に対して、当該児童等が在籍する学校に在籍している等当該児童等と一定の人的関係にある他の児童等が行う心理的又は物理的な影響を与える行為（インターネットを通じて行われるものを含む。）であって、当該行為の対象となった児童等が心身の苦痛を感じているものをいう。

第一条では、「児童等の尊厳を保持するため」に、「いじめの防止、早期発見及びいじめへの対処」を「総合的かつ効果的に推進する」ことがいじめ防止法の目的であることを定めています。また、第二条では、いじめに当たるか否かの判断は、「当該行為の対象となった児童等が心身の苦痛を感じている」か否か、すなわち、原則として、いじめられた児童の立場に立って行うことが明記されています。

第七条　学校の設置者は、基本理念にのっとり、その設置する学校におけるいじめの防止等のために必要な措置を講ずる責務を有する。
第八条　学校及び学校の教職員は、基本理念にのっとり、当該学校に在籍する児童等の保護者、地域住民、児童相談所その他の関係者との連携を図りつつ、学校全体でいじめの防止及び早期発見に取り組むとともに、当該学校に在籍する児童等がいじめを受けていると思われるときは、適切かつ迅速にこれに対処する責務を有する。

第七条、第八条では、「学校の設置者＝国や学校法人」に、いじめ防止のための必要な措置、具体的には相談体制や行動計画の作成を行う責務を定めたうえで、「学校及び学校の教職員」が、「保護者、地域住民、児童相談所その他の関係者との連携」を行いながら、「適切かつ迅速にこれに対処する責務を有する」と記されています。これは要するに、担任一人でいじめ問題を抱え込んではいけないということです。そのための手段として、第二十二条では、「いじめの防止等の対策のための組織」を作ることが求められています。すなわち、「当該学校におけるいじめの防止等に関する措置を実効的に行う」ため、いじめ問題に特化した常設の組織を学校内に作らなくてはいけないのです。

> 第二十二条　学校は、当該学校におけるいじめの防止等に関する措置を実効的に行うため、当該学校の複数の教職員、心理、福祉等に関する専門的な知識を有する者その他の関係者により構成されるいじめの防止等の対策のための組織を置くものとする。

この組織の条件として、「学校の複数の教職員」とは別に、「専門的な知識を有する者その他の関係者」をメンバーとすることが求められています。ただ生徒指導の先生たちが、そのまま横滑りして「いじめ対策チーム」と名乗ればいいというようなものではありません。法律や発達心理など、様々な分野の専門家のコミットが求められているのです。

第二十三条　学校の教職員、地方公共団体の職員その他の児童等からの相談に応じる者及び児童等の保護者は、児童等からいじめに係る相談を受けた場合において、いじめの事実があると思われるときは、いじめを受けたと思われる児童等が在籍する学校への通報その他の適切な措置をとるものとする。
2　学校は、前項の規定による通報を受けたときその他当該学校に在籍する児童等がいじめを受けていると思われるときは、速やかに、当該児童等に係るいじめの事実の有無の確認を行うための措置を講ずるとともに、その結果を当該学校の設置者に報告するものとする。
3　学校は、前項の規定による事実の確認によりいじめがあったことが確認された場合には、いじめをやめさせ、及びその再発を防止するため、当該学校の複数の教職員によって、心理、福祉等に関する専門的な知識を有する者の協力を得つつ、いじめを受けた児童等又はその保護者に対する支援及びいじめを行った児童等に対する指導又はその保護者に対する助言を継続的に行うものとする。

4　学校は、前項の場合において必要があると認めるときは、いじめを行った児童等についていじめを受けた児童等が使用する教室以外の場所において学習を行わせる等いじめを受けた児童等その他の児童等が安心して教育を受けられるようにするために必要な措置を講ずるものとする。

5　学校は、当該学校の教職員が第三項の規定による支援又は指導若しくは助言を行うに当たっては、いじめを受けた児童等の保護者といじめを行った児童等の保護者との間で争いが起きることのないよう、いじめの事案に係る情報をこれらの保護者と共有するための措置その他の必要な措置を講ずるものとする。

6　学校は、いじめが犯罪行為として取り扱われるべきものであると認めるときは所轄警察署と連携してこれに対処するものとし、当該学校に在籍する児童等の生命、身体又は財産に重大な被害が生じるおそれがあるときは直ちに所轄警察署に通報し、適切に、援助を求めなければならない。

第二十四条　学校の設置者は、前条第二項の規定による報告を受けたときは、必要に応じ、その設置する学校に対し必要な支援を行い、若しくは必要な措置を講ずることを指示し、又は当該報告に係る事案について自ら必要な調査を行うものとする。

第二十三条、第二十四条では、いじめと向き合う際の細かな動きが記されています。学校や教員は、相談を受けた段階で調査を行いつつ、情報を共有する必要があります。「いじめの事実があると思われるとき」とあるように、事実認定を行う手前の段階から、情報共有を行う必要があるのです。

また、対策には複数の教員や専門家であたり、必要に応じて、被害者ではなく加害者を、別教室で指導する必要があります。また、いじめが犯罪行為として取り扱われるべきものであると認める時は、警察と連携することも求められています。

第1章でも述べた通り、「いじめは犯罪だ」という言い方がよくされますが、これは法的には事実に反します。いじめの中に、恐喝や暴力のように、刑法に抵触するものが含まれることは確かですが、仲間外れにしたり、無視したからといって、それは犯罪にはなりません。「いじめは、犯罪のようにひどいことなんだ」という意味ならわかりますが、「いじめは犯罪」なのだから、すべて警察に通報すればいいという言説は、そもそもの前提認識が間違っています。いじめの大半を占めるコミュニケーション操作系のいじめは、犯罪にならないレベルのもの。多くのハラスメントと同じで、だからこそ組織的に対応したり、時には民事裁判で争う必要が出てくるのです。

第十六条　学校の設置者及びその設置する学校は、当該学校におけるいじめを早期に発見するため、当該学校に在籍する児童等に対する定期的な調査その他の必要な措置を講ずるものとする。
2　国及び地方公共団体は、いじめに関する通報及び相談を受け付けるための体制の整備に必要な施策を講ずるものとする。
3　学校の設置者及びその設置する学校は、当該学校に在籍する児童等及びその保護者並びに当該学校の教職員がいじめに係る相談を行うことができる体制（次項において「相談体制」という。）を整備するものとする。
4　学校の設置者及びその設置する学校は、相談体制を整備するに当たっては、家庭、地域社会等との連携の下、いじめを受けた児童等の教育を受ける権利その他の権利利益が擁護されるよう配慮するものとする。

第十六条では、「いじめの早期発見のための措置」について定められています。学校に、児童や保護者、当該学校の教職員が「いじめに係る相談を行うことができる体制」を整備することを求めているのです。これは、当然ながら、窓口の周知徹底と、「通報者」の育成を行うことが前提とされています。

「早期発見のための措置」には、教師による見守りはもちろんのこと、学年全体の傾向を知ることを目的とした無記名方式のアンケートや、個別面談による各事例の掘り起こしなどが含まれます。どういった措置をとるのか、状況と目的に応じた設計が求められると言えるでしょう。

> 第二十五条　校長及び教員は、当該学校に在籍する児童等がいじめを行っている場合であって教育上必要があると認めるときは、学校教育法第十一条の規定に基づき、適切に、当該児童等に対して懲戒を加えるものとする。
>
> 第二十六条　市町村の教育委員会は、いじめを行った児童等の保護者に対して学校教育法第三十五条第一項（同法第四十九条において準用する場合を含む。）の規定に基づき当該児童等の出席停止を命ずる等、いじめを受けた児童等その他の児童等が安心して教育を受けられるようにするために必要な措置を速やかに講ずるものとする。

第二十五条（校長及び教員による懲戒）では、いじめを行っている児童等に懲戒を加えうることが明示されました。第二十六条においては、教育委員会にも同様の措置が許されています。ただし、「懲戒」「出席停止制度の適切な運用等」については、従来の法律解釈に基づいたうえでの対応が必要となります。あくまで従来の文科省の通達等を整理したものであり、その対象を拡大するものではありません。

この条文で引用されている「学校教育法」には、次のように記されています。

> 35－2市町村の教育委員会は、前項の規定により出席停止を命ずる場合には、あらかじめ保護者の意見を聴取するとともに、理由及び期間を記載した文書を交付しなければならない。
>
> 35－4市町村の教育委員会は、出席停止の命令に係る児童の出席停止の期間における学習に対する支援その他の教育上必要な措置を講ずるものとする。

すなわち、一方的に出席停止などを命じることができるわけではなく、出席停止を行う場合であったとしても、丁寧なヒアリングなどを行い、通学に代わる代替措置や必要なケアを提示しなくてはならないことになっているのです。加害者にペナルティを課せばいじめが解決する、という発想が誤りであることは、既に本書で指摘してきましたが、この法文が誤って解釈されることも避けられなくてはなりません。

第二十八条　学校の設置者又はその設置する学校は、次に掲げる場合には、その事態（以下「重大事態」という。）に対処し、及び当該重大事態と同種の事態の発生の防止に資するため、速やかに、当該学校の設置者又はその設置する学校の下に組織を設け、質問票の使用その他の適切な方法により当該重大事態に係る事実関係を明確にするための調査を行うものとする。

一　いじめにより当該学校に在籍する児童等の生命、心身又は財産に重大な被害が生じた疑いがあると認めるとき。

二　いじめにより当該学校に在籍する児童等が相当の期間学校を欠席することを余儀なくされている疑いがあると認めるとき。

2　学校の設置者又はその設置する学校は、前項の規定による調査を行ったときは、当該調査に係るいじめを受けた児童等及びその保護者に対し、当該調査に係る重大事態の事実関係等その他の必要な情報を適切に提供するものとする。

3　第一項の規定により学校が調査を行う場合においては、当該学校の設置者は、同項の規定による調査及び前項の規定による情報の提供について必要な指導及び支援を行うものとする。

さきほど、いじめ対策を行う際には第二十二条に基づき、学校常設のチームと連携システムを作らなくてはならないという説明をしました。今見た第二十八条は、「重大事態」に関するもので、「重大事態」すなわち「心身又は財産に重大な被害が生じた疑いがある」場合には、「速やかに」「組織を設け」て調査を行い、児童や保護者への説明を行う必要があると定めています。

特に、「重大事態」の定義に「疑い」という文言が入っていることが重要です。これは、生徒が「重大な被害」を訴えていたり、それを目撃したりした場合には、それがいじめであるかどうかという判断を行う以前に、速やかに対応しなくてはならないということです。しかもそれは、22条委員会とは別に、言うなれば「○○さんいじめ対策チーム」という形で動かなければならないのです。

現在は、いじめの有無をヒアリング調査する際には、「参加したり目撃した疑いのある生徒を」「同時に呼び出し、個別の面接を別室で、複数の教師がそれぞれ行い」「数十分ごとに情報のすり合わせを行いながら一致点と矛盾点を整理しつつ」「事実確認へと積極的に動く」といったスキームが提唱されています。このような手法は、漫画『3月のライオン』（羽海野チカ、白泉社）にも描かれていました。

対策を行っていくにあたっては、加害を行った生徒の保護者と被害を受けた生徒の保護者が対立せず、いかなる指導を双方に行うかを協力して話し合えることが理想です。ただし、現実は必ずしもそううまくいくとは限りません。その場合も学校は、「教育を受ける権利」を阻害された側の権利回復とケアに努めつつ、同時に加害者への指導とケアを継続していくことが求められます。

こうした試みを現場が行うためには、行政の支援が不可欠です。第十四条は、地方自治体に対して、「いじめ問題対策連絡協議会」の設置を求めています。各地で条例を作り、協議会を設け、縦割りを越えていじめ対策に取り組むこと。そうした常設の窓口を作ることが、自治体の責務になっているのです。

また、第二十条には、「いじめの防止等のための対策の調査研究の推進等」が記されています。「国及び地方公共団体」が、いじめ対策の方法論や現状について調査研究を行うことを求めているのです。

そうして得た知見を、しっかりとしたサイクルを築きながら、それでいて現場の多忙感を増すことなく、丁寧に現場に届けていくことが求められます。だからこそ私は、「2+α制度」と「サバティカル制度」を提案したいのです。

重大事態への対処の実態

ここまで、いじめ防止法の概要を見てきました。では、実際の現場においてこの法律はどれほど機能しているのでしょうか。総務省「いじめ防止対策の推進に関する調査結果報告書」（２０１８）では、いじめ防止法の理念が十分に行き届かず、地域や学校によって対応がバラバラであるという実情がつまびらかにされています。報告書のポイントをまとめてみましょう。

【2割以上の学校が、法律よりもいじめの定義を限定して解釈している】

・いじめは、あくまで「一定の人間関係」「心理的・物理的な攻撃」「当事者が苦痛を感じている」といった要素によって定義される
・そこに、多くの学校が「継続性」「集団性」「一方的」などの独自要件を設けてしまっている

【定義を狭めることにより、「認知漏れ」が発生している】

・いじめ認知がなかったとされる学校に、個別の事案を問い合わせたところ、半数以上の

学校から複数の事案が新たに報告された

【組織づくり、および重大事態への対応が徹底されていない】
・重大事態のうち、６割において情報共有・組織的対応がなされていなかった
・重大事態のうち、いじめ定義を限定解釈していたため、半数以上がいじめとして認知されていなかった

【重大事態の調査報告書についての取り組みの差が大きい】
・発生から調査開始までの期間に、最短で事案発生当日、最長で発生から５１９日後と、学校によって大きな開きがある
・調査期間は、最短で24日、最長で８２０日となっている
・報告書のページ数は、最少のものが１ページ、最多のものが２１２ページとなっている

【報告書は有用な共有財産であるという認識が共有されていない】
・重大事態事例のうち、６割以上の報告書が非公表となっている
・文科省も未だに重大事態の詳細な分析を行えていない

【報告書は児童や保護者らへ提供されるということが認知されていない】
・16％の重大事態で、児童や保護者らへの情報提供が行われていなかった
【地方公共団体が、重大事態の発生報告書を作成しなくてはならないことが周知されていない】
・18％の重大事態の調査結果において、報告書が作成されていない

少し見ただけで、いかに法律が徹底されていないかがわかったのではないかと思います。しかも、これらの調査でさえ、報告のために学校側が「いい子ぶっている」可能性があるため、実際の事態はもっと深刻であると考えたほうがいいでしょう。せっかく法律ができても、実行できなければ絵に描いた餅でしかありません。しっかりと認識を共有するとともに、その認識に基づく「教員の働き方改革」を実行していくことが、教育行政全体に求められています。

第10章

大人に求められること

「ストップいじめ！ナビ」とは

さて、私は「ストップいじめ！ナビ」というＮＰＯの代表をしております。この団体は、大津市で起きたいじめ自殺問題をきっかけとして、様々な分野の専門家が集まり２０１２年に結成されたプロジェクトチームです。30年以上にわたって、一向におさまることのなかった「いじめ問題」に対して、多角的・総合的に研究、提案していこうというのが、本団体の目的です。また、そうすることで、いじめ問題に本気で取り組む大人の姿勢を子どもたちに見せていきたいとも考えています。

いじめナビ結成の直接のきっかけは、私がインターネットで放送されたいじめ問題についての生番組に出演した時にまでさかのぼります。当時は、大津市のいじめ問題が大変話題になった時期でもあり、多くの人がこの番組を視聴していました。その反響の多さもあり、同番組に出演していたメンバーのＮＰＯ法人ライフリンク代表清水康之と、「もっと具体的にいじめ問題に取り組んでいこう」と話が発展したことが、プロジェクトの立ち上げへとつながりました。

その年の10月5日、早速、マスコミ各社へ向けて「結成記者会見」を文部科学省記者クラブで開催。活動の開始をアピールしました。その様子は、テレビ、新聞、ウェブメディア各社など多くのメディアによって取り上げられています。

２０１４年からは特定非営利活動法人として、継続した活動をするための体制がスタートしました。そしてこれまでのメンバーの中から、代表理事に荻上チキ、副代表理事に須永祐慈（いじめや不登校に長年取り組む編集者）、理事に太田久美（認定ＮＰＯ法人チャイルドライン支援センター専務理事）が就きました。

ウェブサイトでの発信　http://stopijime.jp/

私たちが一番初めに取り組んだのは、ウェブサイト「ストップいじめ！ナビ　いますぐ役立つ脱出策」の公開でした（図10－1）。

このサイトは、嫌がらせやいじめにあっている子どもたちに対して、どのように解決へ向けて踏みだしたらいいのかという、当事者たちが一番必要としているであろう情報を届けることを目的にしています。

トップページにはチャイルドラインなどの通話料無料の相談ダイヤル番号のほか、子どもも保護者も使える「相談先検索機能」を掲載しています。そのほかにもいじめが起こった時にどうしたらいいかについて答えた「いじめQ＆A」、具体的な行動に踏みだすための助けとしてのメモ帳をダウンロードできる「いじめ攻略アイテム集」、その他メールな

図10-1　ストップいじめ！ナビ ホームページ

http://stopijime.jp/

どでの相談先情報や外部サイトのリンクなどを掲載しています。

同時に、いじめに直面する子どもたちを見守る大人たちに向けても、必要な情報を発信しています。「いじめをとめたい大人たちへ」のページでは、大人がかけられる相談先電話番号や、これまでのいじめに関する調査をグラフとともに解説する「統計データ」、いじめ問題に関する「用語集」、これまでのいじめに関する「裁判例」などの情報を掲載しています。

ネットといじめの問題が語られる際には、「ネットはいじめの温床である」と、ネットの悪いイメージばかりが語られてきました。それゆえ、学校現場ではネットに対する具体的リテラシー教育が行われる機会は非常に少なく、むしろ学校への携帯電話の持ち込み禁止、ペアレントコントロールによるネット使用制限、あるいはネットいじめを発見するためのシステム開発などばかりが行われてきたのです。

そうしたこともあり、ネットを使っていじめ関連の情報を調べたいという児童のニーズへの対応や、ネットを通じた子どものSOSに応える仕組みづくりなどはあまり行われてきませんでした。だからこそ、まずはネットを使って、児童を含む関係者に、必要な情報を届ける活動から始めたのです。

またFacebookへの情報提供や、LINEが主導するネット相談に関する協議会への参加、Instagramのキャンペーンへの協力、NHKなど各報道機関がウェブ上で行う情報発信などへの情報提供などを通じて、ウェブ上で良質な情報がシェアされやすい環境づくりのサポートを行っています。

いのちの生徒手帳プロジェクト

また、学校が実施しやすい具体的な方法として、匿名でかけられる相談先電話番号などを「学校の生徒手帳」に印刷し、誰でもいつでもアクセスしSOSを発信しやすくするた

図10-2　いのちの生徒手帳

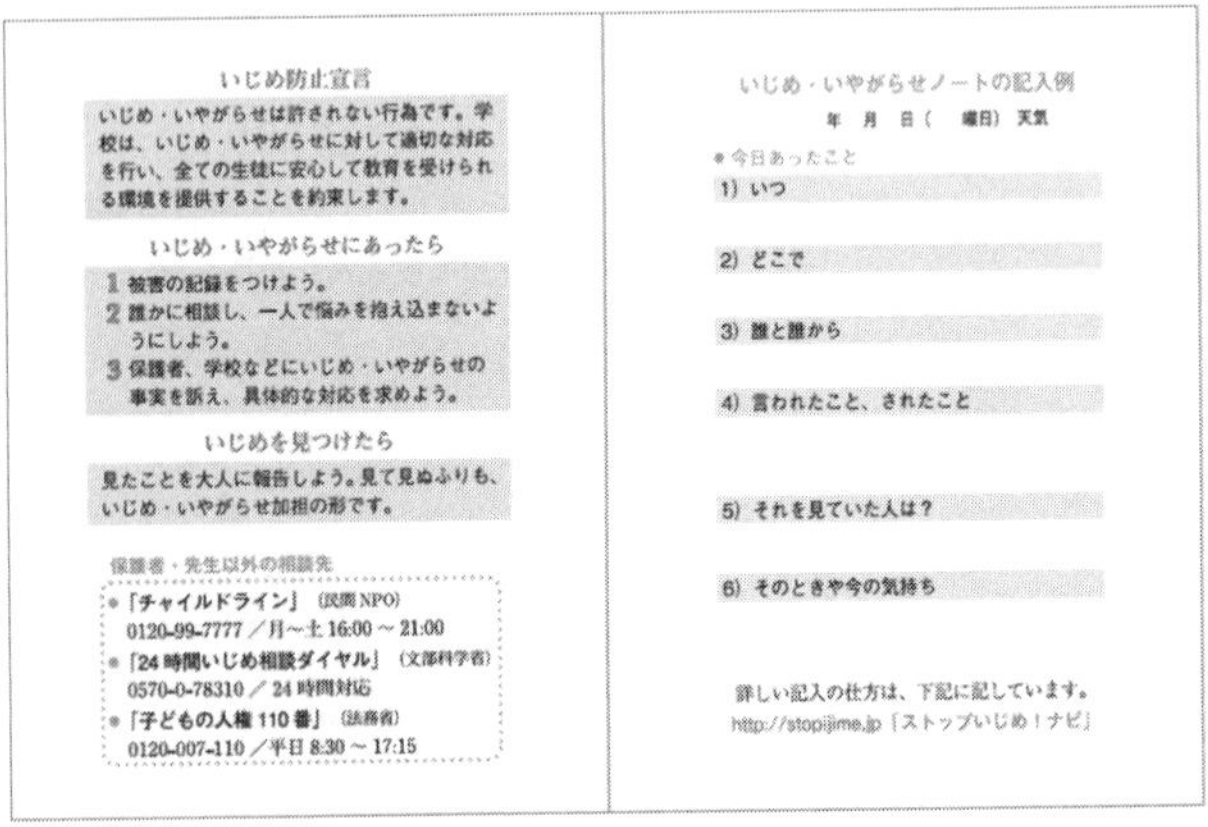

いじめ防止宣言

いじめ・いやがらせは許されない行為です。学校は、いじめ・いやがらせに対して適切な対応を行い、全ての生徒に安心して教育を受けられる環境を提供することを約束します。

いじめ・いやがらせにあったら

1 被害の記録をつけよう。
2 誰かに相談し、一人で悩みを抱え込まないようにしよう。
3 保護者、学校などにいじめ・いやがらせの事実を訴え、具体的な対応を求めよう。

いじめを見つけたら

見たことを大人に報告しよう。見て見ぬふりも、いじめ・いやがらせ加担の形です。

保護者・先生以外の相談先

- 「チャイルドライン」（民間NPO）0120-99-7777／月～土 16:00～21:00
- 「24時間いじめ相談ダイヤル」（文部科学省）0570-0-78310／24時間対応
- 「子どもの人権110番」（法務省）0120-007-110／平日 8:30～17:15

いじめ・いやがらせノートの記入例

年　月　日（　曜日）天気

- 今日あったこと

1) いつ
2) どこで
3) 誰と誰から
4) 言われたこと、されたこと
5) それを見ていた人は？
6) そのときや今の気持ち

詳しい記入の仕方は、下記に記しています。
http://stopijime.jp「ストップいじめ！ナビ」

めの「いのちの生徒手帳プロジェクト」という活動も行ってきました。今すぐ生徒手帳に掲載したり、シールを貼り付けたりできるように、レイアウトサンプルを用意しダウンロードできるようになってもいます。既にいくつかの自治体や学校が導入してくださっています（図10－2）。

これまで様々なＮＰＯが、電話相談先などの情報をカードやポスターの配布によって試みてきました。しかし、ポスターやカードでは、配布先も限定されますし、常に手元に置いてもらえるわけでもありません。その点、生徒手帳は、日本の多くの中学生が携帯しているメディアです。いじめの認知件数の多い中学生時に、いじめ対策情報を掲載した生徒手帳を保持してもらうことには、大きな意味があるでしょう。

生徒手帳のデザインは、各自治体にゆだねていますが、その代わりに、生徒に対して直接、「学校の基本方針」「学内外の相談先」「いじめを受けた時の記録法」を明示することをお願いしています。

重要なのは、手帳にこれがただ印刷されていることではありません。大切なのは、始業式の日やクラス替えの時に、新しい先生が新学年へガイダンスをすること、そこで、「生徒手帳のこのページを見てみて」と促し、「過ごしやすい教室を作るため、この学校では一丸となって、君たちが嫌な思いをすることをなくそうとしている。何かあったら、何か見たら、先生に相談してほしいし、先生に相談しづらかったら、他の人に助けを求めても構わない。君たちには、誰にも邪魔されず、安全に、教育を受ける権利がある。先生はそれを守るために力を尽くすし、みんなも一緒に、過ごしやすい教室を作る手助けをしてほしい」と約束することです。

こうしたアナウンスをすることで、いじめの抑止にもなりますし、クラスの向かうべき方向が「ご機嫌な教室」であることや、コミュニケーション操作系のいじめに対してメモが有効であること、「仲裁者」以外にも様々な役割があることなどを伝えることができます。生徒手帳がない学校でも、生活ノートや連絡帳に印刷・シール添付をすることで、その機能を果たすことができます。

ちなみに、いじめに限らず、大人社会のハラスメントであっても、受けた嫌がらせの内容については、しっかりと記録をとることが重要です。受けた攻撃の内容をメモする、傷跡を写真に撮る、送られてきたウェブメッセージを画面保存する、録音をする。

一部で誤解があるのですが、自衛のために自分の受けた暴言や暴力などを録音・録画することは「盗撮」ではありません。合法的な情報収集であり、裁判でも証拠として認定されます。最近は、小型のレコーダー、ペンやメガネ、時計やキーホルダーなど、様々な形のレコーダーやカメラがあります。もちろん悪用は厳禁ですが、子どもの「いじめログ」を残しておくために、GPS情報などとあわせて、重大事態への緊急対応的に活用することができることを覚えておくとよいでしょう。

「いじめ防止対策推進法」への取り組み

私たちが活動し始めてほどなく、「いじめ防止対策推進法」（2013年9月施行）を作る動きが国会内で始まりました。私たちメンバーも早速、いじめ防止法の策定に取り組む与野党の担当議員に直接面会し、与野党がそれぞれ作成していた「法律案」に対し意見や要望を伝えてきたほか、法律を所管する文科省の担当者にも面会し、法律が施行された後の対策なども含めて、情報交換等を行いました。

法律施行後も、関係議員とたびたび面会したり連絡を取るなど、その後の対策を推進していくように活動を行っています。私たちのこうした活動は、法律に反映されたほか、その後、文科省や都道府県で策定された「いじめ対策基本方針」などにも反映されています。

これまで国としての対策が明確に定義されてなかった「いじめ防止法」が成立したこと自体は評価できますが、一方で、法律が成立したとはいえども、前章で見た通り、実際にいじめ対策を推進していくことについては、まだ本格的に動きだすためのスタートラインに立ったばかりです。この法律をうまく活かしていくためには、これからの学校現場での具体的ないじめ対策が肝となってくるでしょう。

そこで、大津市のいじめ対策懇談会への参加のほか、各自治体や全日本教職員組合などに対し、情報の共有活動も行っています。現場のすみずみまで、いじめに関する情報を共有することで、少しでも前に進むことを願ってのことです。

もちろん、各自治体や学校がその理念を具現化しなければ、絵に描いた餅にすぎません。そこで、いじめナビでは、各自治体がいかなる基本方針を策定しているかを調べ、法の理念をどの程度理解しているのか、具体性はあるのかといった「採点」活動も行っています。結果はウェブサイト等で公表し、各自治体にフィードバックしています。

ハイリスク層に特化した啓発

いじめナビには、自殺対策に取り組むNPO「ライフリンク」、児童の電話相談に応じるNPO「チャイルドライン」、セクシュアルマイノリティの自殺対策に取り組む団体「いのちリスペクト。ホワイトリボンキャンペーン」、そして子どもの本と読書を専門とする私立図書館「東京子ども図書館」のメンバーなどが参加しています。そして、各メンバーがそれぞれ、いじめナビとリンクした活動を行っています。

「ホワイトリボンキャンペーン」は、セクシュアルマイノリティ当事者へのアンケートをもとに、セクシュアルマイノリティ当事者がいじめ被害のハイリスク層であることを明らかにし、教育現場で正しい知識が共有されることの重要さを訴えています。「東京子ども図書館」は、海外にルーツを持つ児童が在籍する学校に足を運び、その児童の国の絵本などを翻訳して読み聞かせをすることで、児童の相互理解を促す活動などを行っています。

現在いじめナビでは、こうした活動と連携しながら、セクシュアルマイノリティ、在日外国人へのいじめに関する啓発活動も行っています。また、同じくハイリスク層である発達障害当事者や貧困層に関する情報共有などを通じて、多様性に配慮した教室づくりを訴えています。

弁護士チームの「いじめ予防授業」

いじめナビメンバーの中で一番多くの人数を占めるのが、いじめ問題に真剣に取り組む弁護士を集めた「弁護士チーム」です。彼らは活動開始当初から法律の専門家として情報提供を行ってきたほか、頻繁に勉強会や検討会を開き議論を積み重ねてきました。行政のいじめ防止法施行をきっかけに、どのくらいいじめ対策が推進されたかを調査した「自治体チェックリスト」報告の公開をはじめ、直接、小・中・高校へ足を運び、学校との連携も図っています。

特に最近、活動の幅が広がっているのが「いじめ予防授業」です。都内や神奈川県内の複数の中学・高校の生徒に向けて、弁護士が各クラスでロールプレイングなども交えながら、いじめ防止法や専門知識などについて、分かりやすい解説を行っています。また生徒や教職員、保護者に向けた「いじめ防止法解説」「ネットいじめ対策」などの講演会なども行っています。

２０１３年10月には、アメリカの映画監督であるリー・ハーシュ氏を来日の際に招き、国会議員会館を会場に、彼の製作したいじめをテーマにした作品「Bully」の上映会・シンポジウムも開催しました。そこでは、ハーシュ氏が全米にわたって取り組む「Bully project」について詳しく話を伺い、そこで使われているツールキットを翻訳し、日本で広げていくための活動も開始しました。

いじめ問題は現在、全世界共通の課題であり、世界各国で、いじめに関する調査研究、国や行政などの取り組みが進みつつあります。いじめナビでは、いじめ問題を日本特有の問題として認識するのではなく、世界で進められてきたいじめ対策や研究、法律などの情報も調査し、日本で活かすことのできる情報として紹介しています。

そうした現場への発信とともに、これまで私たちは、いじめの実態がどのようになっているのかを明らかにするために調査研究や情報の蓄積を行っています。この書籍も、そうした活動のまとめのような役割を果たしています。

いじめ対策を意味あるものにしていくためには、当事者、それを取り巻く教職員や学校、保護者などの家族、行政や国、マスコミなどなど、それぞれの立場にいる人たちのための調査研究や、情報の共有・発信が不可欠です。

また、直接的ないじめ対策を行うばかりではなく、それらにつながる学校環境や家庭環境、不登校、発達障害や性的マイノリティ、自殺や貧困などにおける様々な課題も解決していく必要があります。それらの関連する課題にも視野を広げつつ、活動に取り組んでいこうとも思っているところです。

いじめ報道に関するガイドライン

特定のいじめ自殺事件がひとたび話題になると、その事件について報道が集中しがちです。個々の記者が「決して同じような事件を繰り返させまい」と、報道の責務を果たすべく努めていたとしても、メディア全体として見ると、結果的に過熱報道になってしまっていることが少なくありません。

過熱報道は、時として、子どもたちを死に追いやってしまうことすらあります。そのような矛盾を解消するため、私たちは「いじめ報道に関するガイドライン」を作成しました。

「いじめを防ぐための報道」と「子どもたちの命を守るための報道」を実現するため、メディア各社が報道ガイドラインを策定するための叩き台として、このガイドラインを活用してほしいと考えたのです。

WHOは「自殺報道ガイドライン」を発表し、各国の報道機関に、自殺報道に際しての注意を具体的に促しています。それを応用し、独自に作ったものが「いじめ報道に関するガイドライン」です。そこでは、いじめ報道に関する3原則として、次のようなことを掲げています。

1：子どもたちへの影響に配慮した報道をすること

メディアは、子どもたちと命綱（相談機関や支援策）とをつなげることができます。しかし同時にメディアは、意図せぬ形で、子どもたちをさらに追い込むこともできてしまいます。その報道が子どもたちに届いた時、どのような影響を具体的に与え得るものか、常に慎重な吟味が必要です。

2：関係者への影響に配慮した報道をすること

メディアは報道を通じて、関連機関に問題の改善を求めることができます。しかし同時にメディアは、関係機関を非難し続けることによって不安や憤りを煽り、結果的に問題解決を先延ばしにすることができてしまいます。取材に基づいて具体的な改善策を提案することは、メディアに与えられた重要な役割だと言えます。

3：社会への影響に配慮した報道をすること

メディアは問題を掘り下げて検証することで、いじめの予防に役立つことができます。しかし同時にメディアは、問題が起きる度に「犯人捜し」を繰り返すことによって、かえって問題を温存し続けることができてしまいます。社会に対してどのような議題（問題の見立て）を設定するのか、その意図と効果が常に問われます。

この原則のもと、具体的には次のような項目を要望しています。

●やるべきこと：子どもたちと命綱（相談機関や支援策）とをつなげるために
・最悪の状況から脱出することは可能であるというメッセージを報じること
・いじめが発生した場合の、具体的な解決手段・解決事例を伝えること
・子どもたちがアクセスする可能性を常に配慮し、支援機関などの連絡先を明記すること
・いじめ研究や行政・民間の取り組みの成果などを広く啓蒙すること
・いじめ自殺に関する報道に際しては、WHOの自殺報道ガイドラインに基づき、徹底した慎重さを持つこと

●避けるべきこと：ストレスの連鎖を招かないために
【子どもたちへの影響に配慮するため】
・自殺や復讐など、極端な手段を美化しない

・被害者救済、いじめ予防の議論よりも加害者叩きの議論に重きを置かない
・周囲の子どもたちや家族等に対してメディアスクラムを行わない
・いじめが発生した学校に通い続ける他の生徒が、過度なストレスを感じるような報道はしない

【社会への影響に配慮するため】
・イメージ映像、BGM、キャプション、見出し等を使い、ネガティブなイメージを強調しない
・極端な事例の一般化、統計の誤った利用などを行わない
・バッシングを誘うための「晒し行為」としてメディアを使わない

いじめナビでは、このガイドラインに即し、記者をゲストに招いて勉強会を行い、報道の際の注意点を論議してきました。WHOの「自殺報道ガイドライン」は、メディアの報道によって自殺が連鎖する、いわゆる「ウェルテル効果」に警鐘を鳴らしています。それは、「いじめ自殺報道」においても同様です。一方、「いじめ報道」全般においても、ただセンセーショナルに現状を嘆くのでなく、見ている者に代替案を提示したり、具体的な現

場の取り組みなどの紹介にも努める必要があります。

いじめ事件となると、教育問題に明るくない社会部記者が、「事件報道」の文脈で追いかけ、誰が悪かったのか・何が起こったのかを投げかける傾向があります。一方で、いじめ対策に必要な知識が、その「いじめ報道祭り」の際に共有されていくかといえば、そうではなかったというのがこれまでの歩みでした。それを変えなくてはなりません。

テレビの場合は、字幕スーパーで相談機関を紹介したりすることが重要です。また、よく見落とされているのが、ワイドショーなどの番組を、いじめにより不登校状態になっている当事者が見る可能性です。教育に疎《うと》いコメンテーターが「吼《ほ》える」シーンが続いても、それが当事者にとって何かの「希望」につながるわけではありません。「外野から外野に向けての発信」ではなく、「当事者のためにもなる報道」になるよう、報道機関との連携は重要となるでしょう。

もちろん、テレビなどがいじめを助長するような番組を放送してはいけない。「コンプライアンス」や「政治的正しさ（ポリティカルコレクトネス）」という言葉を出すまでもなく、「人に暴力を促すような放送、暴力を肯定するような放送」はやめてほしいと強く思います。

おわりに

2012年に「ストップいじめ！ナビ」の活動を始めた頃から、いずれはこうした活動・研究内容を一冊の本にまとめなくてはならないと考えていました。いじめ研究について、理論やデータを紹介しながら、具体的対策や政策提言などについて触れた一般書がほとんど見当たらない状況だったからです。これでは、研究熱心な教師や切実な思いでいる保護者・当事者などが、より確かな議論に触れることができない。そう思いながらも、多忙な状況の中で、なかなか原稿と向き合う機会を作れずにいました。また、数年前から病を患っていたため、心身ともに割けるパワーが激減していたことも大きく影響していました。

2016年、「エビデンス（根拠）に基づき、いじめの正体を明らかにする本を出しませんか」と声をかけてくれたのが、担当編集となる大沼楽氏でした。大沼氏は以前、東京大学で開かれた研究会での私の発表を聴講してくださっており、いずれは編集者として取り組みたいと考えてくださっていたとのことでした。大沼氏のお声がけがなければ、こうして書籍になることはなかったでしょう。感謝申し上げます。

　私自身、子どもの頃はいじめで大変に苦労をしました。大学生になっていじめ研究の書籍を読み、「ああ、自分が味わっていたのはこういうものだったのか」と納得したのを今でも覚えています。個人的な体験を、社会的な言葉にしてくれる学問の蓄積は、それ自体に癒しの効果があるとも痛感しました。

　この本は、シンプルな願いに基づいて書かれたものです。「理不尽な思いをする人が一人でも減ってほしい」。これは、評論家としての私の活動理念ですが、特にいじめ問題については、強くそう願っているのです。

　誰もが安全かつ安心して、良質な教育を受ける権利がある。その権利を満たすためには、いじめを減らしていくことが必要不可欠です。暴力系のいじめは当然のこと、コミュニケーション操作系のいじめであっても、それは脳や尊厳への暴力であり、ストレスやトラウマという形でその人の人生を妨げていきます。「殴り合っているのは知っていたが、暴力という認識はなかった」という言い訳は通用しないでしょう。コミュニケーション操作系いじめもそうです。

　本書をここまで読んでくださった方であれば、こうした考え方も含めて、いじめへの問題意識を共有していただけたと思います。本書が、いじめと向き合う人の認識をアップデートする力のある本だということを、筆者である私は強く確信しています。あとはこれを読んでくださったみなさんが、いじめ論議のよりベターな仕方を普及するオピニオンリーダーや実践者になってくだされば、一つずつ、理不尽な体験を減らしていくことができるでしょう。

すべきことは山積みです。共に、社会を前に進めていきましょう。

荻上チキ

2018年6月

PHP新書

PHP INTERFACE
https://www.php.co.jp/

荻上チキ［おぎうえ・ちき］

1981年生まれ。評論家。元「シノドス」編集長。NPO法人ストップいじめ！ナビ代表理事。ラジオ番組「荻上チキ・Session-22」（TBSラジオ）パーソナリティ。同番組にて、2015年度、2016年度とギャラクシー賞を受賞。著書に、『ネットいじめ』（PHP新書）、『いじめの直し方』（共著・朝日新聞出版）、『僕らはいつまで「ダメ出し社会」を続けるのか』（幻冬舎新書）、『災害支援手帖』（木楽舎）、『新・犯罪論』（共著・現代人文社）、『未来をつくる権利』（NHKブックス）、『すべての新聞は「偏って」いる』（扶桑社）など。

いじめを生む教室

子どもを守るために知っておきたいデータと知識

PHP新書1150

二〇一八年七月二十七日　第一版第一刷
二〇一九年九月十一日　第一版第五刷

著者――荻上チキ
発行者――後藤淳一
発行所――株式会社PHP研究所
東京本部――〒135-8137　江東区豊洲5-6-52
第一制作部PHP新書課　☎03-3520-9615（編集）
普及部　☎03-3520-9630（販売）
京都本部――〒601-8411　京都市南区西九条北ノ内町11
組版――有限会社エヴリ・シンク
装幀者――芦澤泰偉＋児崎雅淑
印刷所
製本所――図書印刷株式会社

ISBN978-4-569-84077-2

PHP新書刊行にあたって

「繁栄を通じて平和と幸福を」(PEACE and HAPPINESS through PROSPERITY)の願いのもと、PHP研究所が創設されて今年で五十周年を迎えます。その歩みは、日本人が先の戦争を乗り越え、並々ならぬ努力を続けて、今日の繁栄を築き上げてきた軌跡に重なります。

しかし、平和で豊かな生活を手にした現在、多くの日本人は、自分が何のために生きているのか、どのように生きていきたいのかを、見失いつつあるように思われます。そして、その間にも、日本国内や世界のみならず地球規模での大きな変化が日々生起し、解決すべき問題となって私たちのもとに押し寄せてきます。

このような時代に人生の確かな価値を見出し、生きる喜びに満ちあふれた社会を実現するために、いま何が求められているのでしょうか。それは、先達が培ってきた知恵を紡ぎ直すこと、その上で自分たち一人一人がおかれた現実と進むべき未来について丹念に考えていくこと以外にはありません。

その営みは、単なる知識に終わらない深い思索へ、そしてよく生きるための哲学への旅でもあります。弊所が創設五十周年を迎えましたのを機に、PHP新書を創刊し、この新たな旅を読者と共に歩んでいきたいと思っています。多くの読者の共感と支援を心よりお願いいたします。

一九九六年十月

PHP研究所

PHP新書

［社会・教育］

117 社会的ジレンマ　山岸俊男
335 NPOという生き方　島田 恒
418 女性の品格　坂東眞理子
495 親の品格　坂東眞理子
504 生活保護vsワーキングプア　大山典宏
522 プロ法律家のクレーマー対応術　横山雅文
537 ネットいじめ　荻上チキ
546 本質を見抜く力――環境・食料・エネルギー　養老孟司／竹村公太郎
586 理系バカと文系バカ　竹内 薫［著］／嵯峨野功一［構成］
602 「勉強しろ」と言わずに子供を勉強させる法　小林公夫
618 世界一幸福な国デンマークの暮らし方　千葉忠夫
621 コミュニケーション力を引き出す　平田オリザ／蓮行
629 テレビは見てはいけない　苫米地英人
632 あの演説はなぜ人を動かしたのか　川上徹也
681 スウェーデンはなぜ強いのか　北岡孝義
692 女性の幸福［仕事編］　坂東眞理子
706 日本はスウェーデンになるべきか　高岡 望
720 格差と貧困のないデンマーク　千葉忠夫
741 本物の医師になれる人、なれない人　小林公夫
780 幸せな小国オランダの智慧　紺野 登
783 原発「危険神話」の崩壊　池田信夫
786 新聞・テレビはなぜ平気で「ウソ」をつくのか　上杉 隆
789 「勉強しろ」と言わずに子供を勉強させる言葉　小林公夫
792 「日本」を捨てよ　苫米地英人
819 日本のリアル　養老孟司
823 となりの闇社会　一橋文哉
828 ハッカーの手口　岡嶋裕史
829 頼れない国でどう生きようか　加藤嘉一／古市憲寿
832 スポーツの世界は学歴社会　橘木俊詔／齋藤隆志
847 子どもの問題　いかに解決するか　岡田尊司／魚住絹代
854 女子校力　杉浦由美子
857 大津中2いじめ自殺　共同通信大阪社会部

858 中学受験に失敗しない　高濱正伸
869 若者の取扱説明書　齋藤 孝
870 しなやかな仕事術　林 文子
872 この国はなぜ被害者を守らないのか　川田龍平
875 コンクリート崩壊　溝渕利明
879 原発の正しい「やめさせ方」　石川和男
888 日本人はいつ日本が好きになったのか　竹田恒泰
896 著作権法がソーシャルメディアを殺す　城所岩生
897 生活保護vs子どもの貧困　大山典宏
909 じつは「おもてなし」がなっていない日本のホテル　桐山秀樹
915 覚えるだけの勉強をやめれば劇的に頭がよくなる　小川仁志
919 ウェブとはすなわち現実世界の未来図である　小林弘人
923 世界「比較貧困学」入門　石井光太
935 絶望のテレビ報道　安倍宏行
941 ゆとり世代の愛国心　税所篤快
950 僕たちは就職しなくてもいいのかもしれない　岡田斗司夫 FRREex
962 英語もできないノースキルの文系は これからどうすべきか　大石哲之
963 エボラvs人類 終わりなき戦い　岡田晴恵
969 進化する中国系犯罪集団　一橋文哉
974 ナショナリズムをとことん考えてみたら　春香クリスティーン
978 東京劣化　松谷明彦
981 世界に嗤われる日本の原発戦略　高嶋哲夫
987 量子コンピューターが本当にすごい　竹内 薫／丸山篤史［構成］
994 文系の壁　養老孟司
997 無電柱革命　小池百合子／松原隆一郎
1006 科学研究とデータのからくり　谷岡一郎
1022 社会を変えたい人のためのソーシャルビジネス入門　駒崎弘樹
1025 人類と地球の大問題　丹羽宇一郎
1032 なぜ疑似科学が社会を動かすのか　石川幹人
1040 世界のエリートなら誰でも知っているお洒落の本質　干場義雅
1044 現代建築のトリセツ　松葉一清
1046 ママっ子男子とバブルママ　原田曜平
1059 広島大学は世界トップ100に入れるのか　山下柚実
1065 ネコがこんなにかわいくなった理由　黒瀬奈緒子

1069 この三つの言葉で、勉強好きな子どもが育つ　齋藤 孝
1070 日本語の建築　伊東豊雄
1072 縮充する日本 「参加」が創り出す人口減少社会の希望　山崎 亮
1073 「やさしさ」過剰社会　榎本博明
1079 超ソロ社会　荒川和久
1087 羽田空港のひみつ　秋本俊二
1093 震災が起きた後で死なないために　野口 健
1098 日本の建築家はなぜ世界で愛されるのか　五十嵐太郎
1106 御社の働き方改革、ここが間違ってます！　白河桃子
1125 『週刊文春』と『週刊新潮』闘うメディアの全内幕　花田紀凱／門田隆将
1128 男性という孤独な存在　橘木俊詔
1140 「情の力」で勝つ日本　日下公人

［経済・経営］

187 働くひとのためのキャリア・デザイン　金井壽宏
379 なぜトヨタは人を育てるのがうまいのか　若松義人
450 トヨタの上司は現場で何を伝えているのか　若松義人
543 ハイエク 知識社会の自由主義　池田信夫
587 微分・積分を知らずに経営を語るな　内山 力
594 新しい資本主義　原 丈人
620 自分らしいキャリアのつくり方　高橋俊介
752 日本企業にいま大切なこと　野中郁次郎／遠藤 功
852 ドラッカーとオーケストラの組織論　山岸淳子
882 成長戦略のまやかし　小幡 績
887 そして日本経済が世界の希望になる　ポール・クルーグマン［著］／山形浩生［監修・解説］／大野和基［訳］
892 知の最先端　クレイトン・クリステンセンほか［著］／大野和基［インタビュー・編］
901 ホワイト企業　高橋俊介
908 インフレどころか世界はデフレで蘇る　中原圭介
932 なぜローカル経済から日本は甦るのか　冨山和彦
958 ケインズの逆襲、ハイエクの慧眼　松尾 匡
973 ネオアベノミクスの論点　若田部昌澄
980 三越伊勢丹 ブランド力の神髄　大西 洋
984 逆流するグローバリズム　竹森俊平

985 新しいグローバルビジネスの教科書　山田英二
998 超インフラ論　藤井　聡
1003 その場しのぎの会社が、なぜ変われたのか　内山　力
1023 大変化——経済学が教える二〇二〇年の日本と世界　竹中平蔵
1027 戦後経済史は嘘ばかり　髙橋洋一
1029 ハーバードでいちばん人気の国・日本　佐藤智恵
1033 自由のジレンマを解く　松尾　匡
1034 日本経済の「質」はなぜ世界最高なのか　福島清彦
1039 中国経済はどこまで崩壊するのか　安達誠司
1080 クラッシャー上司　松崎一葉
1081 三越伊勢丹　モノづくりの哲学　大西　洋／内田裕子
1084 セブン-イレブン1号店　繁盛する商い　山本憲司
1088 「年金問題」は嘘ばかり　髙橋洋一
1105 「米中経済戦争」の内実を読み解く　津上俊哉
1114 クルマを捨ててこそ地方は甦る　藤井　聡
1120 人口知能は資本主義を終焉させるか　齊藤元章／井上智洋
1136 残念な職場　河合　薫

［政治・外交］

318・319 憲法で読むアメリカ史（上・下）　阿川尚之
426 日本人としてこれだけは知っておきたいこと　中西輝政
745 官僚の責任　古賀茂明
746 ほんとうは強い日本　田母神俊雄
807 ほんとうは危ない日本　田母神俊雄
826 迫りくる日中冷戦の時代　中西輝政
841 日本の「情報と外交」　孫崎　享
874 憲法問題　伊藤　真
881 官房長官を見れば政権の実力がわかる　菊池正史
891 利権の復活　古賀茂明
893 語られざる中国の結末　宮家邦彦
898 なぜ中国から離れると日本はうまくいくのか　石　平
920 テレビが伝えない憲法の話　木村草太
931 中国の大問題　丹羽宇一郎
954 哀しき半島国家　韓国の結末　宮家邦彦
964 中国外交の大失敗　中西輝政
965 アメリカはイスラム国に勝てない　宮田　律
967 新・台湾の主張　李　登輝

972 安倍政権は本当に強いのか　御厨 貴
979 なぜ中国は覇権の妄想をやめられないのか　石 平
982 戦後リベラルの終焉　池田信夫
986 こんなに脆い中国共産党　日暮高則
988 従属国家論　佐伯啓思
989 東アジアの軍事情勢はこれからどうなるのか　能勢伸之
993 中国は腹の底で日本をどう思っているのか　富坂 聰
999 国を守る責任　折木良一
1000 アメリカの戦争責任　竹田恒泰
1005 ほんとうは共産党が嫌いな中国人　宇田川敬介
1008 護憲派メディアの何が気持ち悪いのか　潮 匡人
1014 優しいサヨクの復活　島田雅彦
1019 愛国ってなんだ　民族・郷土・戦争
古谷経衡［著］／奥田愛基［対談者］
1024 ヨーロッパから民主主義が消える　川口マーン惠美
1031 中東複合危機から第三次世界大戦へ　山内昌之
1042 だれが沖縄を殺すのか　ロバート・D・エルドリッヂ
1043 なぜ韓国外交は日本に敗れたのか　武貞秀士
1045 世界に負けない日本　薮中三十二
1058 「強すぎる自民党」の病理　池田信夫
1060 イギリス解体、EU崩落、ロシア台頭　岡部 伸
1066 習近平はいったい何を考えているのか　丹羽宇一郎
1076 日本人として知っておきたい「世界激変」の行方　中西輝政
1082 日本の政治報道はなぜ「嘘八百」なのか　潮 匡人
1083 なぜローマ法王は世界を動かせるのか　徳安 茂
1089 イスラム唯一の希望の国 日本　宮田 律
1090 返還交渉 沖縄・北方領土の「光と影」　東郷和彦
1122 強硬外交を反省する中国　宮本雄二
1124 チベット 自由への闘い　櫻井よしこ
1135 リベラルの毒に侵された日米の憂鬱　ケント・ギルバート
1137 「官僚とマスコミ」は嘘ばかり　髙橋洋一

［歴史］

061 なぜ国家は衰亡するのか　中西輝政
286 歴史学ってなんだ?　小田中直樹
505 旧皇族が語る天皇の日本史　竹田恒泰
591 対論・異色昭和史　鶴見俊輔／上坂冬子
663 日本人として知っておきたい近代史［明治篇］　中西輝政

734 謎解き「張作霖爆殺事件」 加藤康男
738 アメリカが畏怖した日本 渡部昇一
748 詳説〈統帥綱領〉 柘植久慶
755 日本人はなぜ日本のことを知らないのか 竹田恒泰
761 真田三代 平山 優
776 はじめてのノモンハン事件 森山康平
784 日本古代史を科学する 中田 力
791 『古事記』と壬申の乱 関 裕二
848 院政とは何だったか 岡野友彦
865 徳川某重大事件 徳川宗英
903 アジアを救った近代日本史講義 渡辺利夫
922 木材・石炭・シェールガス 石井 彰
943 科学者が読み解く日本建国史 中田 力
968 古代史の謎は「海路」で解ける 長野正孝
1001 日中関係史 岡本隆司
1012 古代史の謎は「鉄」で解ける 長野正孝
1015 徳川がみた「真田丸の真相」 徳川宗英
1028 歴史の謎は透視技術「ミュオグラフィ」で解ける 田中宏幸／大城道則
1037 なぜ二宮尊徳に学ぶ人は成功するのか 松沢成文
1057 なぜ会津は希代の雄藩になったか 中村彰彦
1061 江戸はスゴイ 堀口茉純
1064 真田信之 父の知略に勝《まさ》った決断力 平山 優
1071 国際法で読み解く世界史の真実 倉山 満
1074 龍馬の「八策」 松浦光修
1075 誰が天照大神を女神に変えたのか 武光 誠
1077 三笠宮と東條英機暗殺計画 加藤康男
1085 新渡戸稲造はなぜ『武士道』を書いたのか 草原克豪
1086 日本にしかない「商いの心」の謎を解く 呉 善花
1096 名刀に挑む 松田次泰
1097 戦国武将の病《やまい》が歴史を動かした 若林利光
1104 一九四五 占守島の真実 相原秀起
1107 ついに「愛国心」のタブーから解き放たれる日本人 ケント・ギルバート
1108 コミンテルンの謀略と日本の敗戦 江崎道朗
1111 北条氏康 関東に王道楽土を築いた男 伊東 潤／板嶋常明
1115 古代の技術を知れば、『日本書紀』の謎が解ける 長野正孝

1116 国際法で読み解く戦後史の真実　倉山 満
1118 歴史の勉強法　山本博文
1121 明治維新で変わらなかった日本の核心　猪瀬直樹／磯田道史
1123 天皇は本当にただの象徴に堕ちたのか　竹田恒泰
1129 物流は世界史をどう変えたのか　玉木俊明
1130 なぜ日本だけが中国の呪縛から逃れられたのか　石 平
1138 吉原はスゴイ　堀口茉純
1141 福沢諭吉　しなやかな日本精神　小浜逸郎
1142 卑弥呼以前の倭国五〇〇年　大平 裕

［地理・文化］

264 「国民の祝日」の由来がわかる小事典　所 功
465・466 ［決定版］京都の寺社505を歩く（上・下）　山折哲雄／槇野 修
592 日本の曖昧《あいまい》力　呉 善花
639 世界カワイイ革命　櫻井孝昌
650 奈良の寺社150を歩く　山折哲雄／槇野 修
670 発酵食品の魔法の力　小泉武夫／石毛直道［編著］
705 日本はなぜ世界でいちばん人気があるのか　竹田恒泰
757 江戸東京の寺社609を歩く 下町・東郊編　山折哲雄／槇野 修
758 江戸東京の寺社609を歩く 山の手・西郊編　山折哲雄／槇野 修
845 鎌倉の寺社122を歩く　山折哲雄／槇野 修
877 日本が好きすぎる中国人女子　櫻井孝昌
889 京都早起き案内　麻生圭子
890 反日・愛国の由来　呉 善花
934 世界遺産にされて富士山は泣いている　野口 健
936 山折哲雄の新・四国遍路　山折哲雄
948 新・世界三大料理　神山典士［著］／中村勝宏、山本豊、辻芳樹［監修］
971 中国人はつらいよ――その悲惨と悦楽　大木 康
1119 川と掘割〝20の跡〟を辿る江戸東京歴史散歩　岡本哲志

［心理・精神医学］

053 カウンセリング心理学入門　國分康孝
065 社会的ひきこもり　斎藤 環

377 上品な人、下品な人 山﨑武也
507 頭がよくなるユダヤ人ジョーク集 烏賀陽正弘
600 なぜ宇宙人は地球に来ない? 松尾貴史
742 みっともない老い方 川北義則
763 気にしない技術 香山リカ
827 直感力 羽生善治
859 みっともないお金の使い方 川北義則
873 死後のプロデュース 金子稚子
885 年金に頼らない生き方 布施克彦
900 相続はふつうの家庭が一番もめる 曽根恵子
930 新版 親ができるのは「ほんの少しばかり」のこと 山田太一
938 東大卒プロゲーマー ときど
946 いっしょうけんめい「働かない」社会をつくる 海老原嗣生
960 10年たっても色褪せない旅の書き方 轡田隆史
966 オーシャントラウトと塩昆布 和久田哲也
1017 人生という作文 下重暁子
1055 なぜ世界の隅々で日本人がこんなに感謝されているのか 布施克彦／大賀敏子
1067 実践・快老生活 渡部昇一
1112 95歳まで生きるのは幸せですか? 池上 彰／瀬戸内寂聴
1132 半分生きて、半分死んでいる 養老孟司
1134 逃げる力 百田尚樹

［知的技術］

003 知性の磨きかた 林 望
025 ツキの法則 谷岡一郎
112 大人のための勉強法 和田秀樹
180 伝わる・揺さぶる! 文章を書く 山田ズーニー
203 上達の法則 岡本浩一
305 頭がいい人、悪い人の話し方 樋口裕一
399 ラクして成果が上がる理系的仕事術 鎌田浩毅
438 プロ弁護士の思考術 矢部正秋
573 1分で大切なことを伝える技術 齋藤 孝
646 世界を知る力 寺島実郎
673 本番に強い脳と心のつくり方 苫米地英人
718 必ず覚える! 1分間アウトプット勉強法 齋藤 孝
737 超訳 マキャヴェリの言葉 本郷陽二

［自然・生命］